アジアは日本をどう見てきたか

——朝鮮、中国、東南アジア、インドの対日観——

小倉　和夫

目次

プロローグ

近時、グローバリゼーションの進展や中国の台頭への関心の高まり、そして若い世代を中心とする対中、対韓感情の悪化や内向き志向などが重なって、「アジア」を語る人は少なくなっているように見受けられる。

しかし、新型コロナウィルス感染症の世界的蔓延は、はからずも中国と相互依存関係にあった国々に、あらためて中国との関係をめぐるメリットとリスクを再検討する契機を与えることとなった。

また、感染症の拡大防止に関するアジアの国々の対処ぶりは、欧米諸国に比べて成功した例も少なくなく、アジアにおける社会的連帯意識の存在や政治権力に対する国民の信頼度の問題など、アジア的特徴をあらためて見直す契機ともなると言える。

このことは、今後の国際秩序を考えるとき、改めて、日本にとって「アジア」との関係をどう再構築するかが問われねばならないことを暗示している。

その際、日本の「アジア」観あるいは対中観、対朝鮮観、対東南アジア観の回顧と展望も必要であるが、アジアの国々が、日本をどう見てきたのかを歴史的に回顧し、明日の展望につなげることも大切であろう。

こうした趣旨から、本書では朝鮮、中国、東南アジア、インドを取り上げ、日本との関係を勘案して、それぞれやや違った視角からではあるが、対日観を考察してみたものである。

一　朝鮮・韓国人の日本観

いつまでも「過去」にこだわる国？

韓国をどう思うかと聞くと、「いつまでも日本の植民地時代の抑圧や搾取などの『過去』を引きずっているのが韓国であり、韓国人である」という日本人は多い。

他方、そうではない、若い世代は、過去にとらわれず、お互いに同じような現代感覚で、気楽に付き合える仲になっており、対日観も悪くないという見方もある。

しかし、日本人の対韓感情を決める上で、大きな要素となっているものが、韓国の対日感情あるいは対日観であることは、多くの世論調査を見ても、否定できない。

言い換えると、多くの日本人は、なぜ韓国人がいつまでも過去にこだわるのか、また、過去にまつわる感情を、なぜ容易に外交政治問題として取り上げようとするのか——それが理解し難いと思っているのだ。そこに日韓関係上の大きな問題がある。では、なぜ韓国人は過去にこだわるのか？

この問題を解くには、そもそも、歴史的に、朝鮮あるいは韓国は、日本をどう見てきたのか、昔から同じ面はどこにあり、時代と共に変化してきた面はどこか——それを広く、深く、考えてみなければならない。

三六年の日本の植民地支配が問題であるだけではない。今でも、豊臣秀吉の「朝鮮征伐」の「恨み」は消えていない。秀吉より前の時代には、日本の「海賊」、倭寇の問題もあった。いってみれば、日本は、朝鮮にとって、歴史的には常に警戒すべき相手であり、猜疑心の対象になりやすい相手だった。

しかし、それだけではない。

過去において、長い間、朝鮮は、中国文明の担い手としては、日本の「先達」であった。ところが、明治以降、近代化の過程で、西洋文明の担い手として、逆に、日本が「先達」になった。この歴史にまつわる心理的葛藤が、韓国側にあるとしても不思議ではない。

いいかえれば、現代の韓国人は、多かれ少なかれ、そして、良きにつけ、悪しきにつけ、「過去」の鏡のなかで現在の日韓関係を見ざるを得ないという歴史を背負っているのだ。

「過去」と言う鏡

そうとすれば、現代の韓国人の対日観を本当に理解するには、過去にさかのぼって、朝鮮・韓国人の対日観を見ておくことが不可欠となる。

では、どこまで遠く「過去」にさかのぼるべきか。

奈良時代や平安時代初期の日本と朝鮮との相互の交流の歴史から始めることもできる。しかし、古代においては、百済からの「移民」が簡単に日本に受け入れられたように、日本朝鮮各々で、領土や国家という観念自体が、かなり流動的だった。このことを考慮すると、国と国とのいわば正式の関係が記録されるようになった時期、すなわち、朝鮮王朝からの正式の使節である、「通信使」が来日するようになった時期から、歴史をたどって朝鮮の対日観をみることにしてよいだろう。

この「通信使」は、室町時代から始まり、江戸時代を通じてかなり定期的に来日した。これら通信使の対日観を見るにあたっては、近代における朝鮮人の対日観と比較する観点を重視せねばなるまい。近代では、日本が近代文明の吸収、活用の点で、朝鮮に先んじていたが、室町時代や江戸時代の日本の経済的発展の程度や産業・武器などの技術水準を、朝鮮はどう評価していたのであろうか。また、明治以降、日本では度々朝鮮の政治的不安定が叫ばれたが、それ以前の時代に、朝鮮は、逆に日本社会や政治制度の安定度をどう観察していたのか、さらにまた、仏教、儒教をはじめ、思想的、文化的側面で朝鮮と日本との違いを、昔の朝鮮人はどう認識していたのか、といった点が問題となる。（なお、朝鮮通信使の一覧は、本章末資料参照）。

明治時代以降の近代になると、近代化路線を歩む明治日本を、韓国は、どのように見ていたかという点が、最大の焦点となる。明治の初め、通商条約締結を中心とする日本の新しい対韓政策に、韓国はどう対応したか。朝鮮政府は、頑固に新しい日本に反発した。そこには、中華秩序にどっぷり浸かっていた李朝朝鮮と、そうではなかった日本との違いが、背景としてあるのではないか。

それにもかかわらず、日本の近代化を鑑として、自らを改革せんとした人々、たとえば、金玉均（キム・オクキュン）のような人物も朝鮮には存在した。そうした人物は、日本をどのように見ていたのだろうか。

そして、金玉均のように、近代化のモデルとして日本をとらえれば、植民地時代においても、朝鮮の「日本化」によって朝鮮の近代化を実現しようと思った人々がいたとしても不思議ではない。それらの人々のいわば代表格に、日本語で、みずからの文学作品を書いた「親日派」作家たちが朝鮮にいた。彼らは、日本をどう見ていたのか。朝鮮の近代化と朝鮮の対日観の関係を考えるのであれば、いわゆる反植民地主義、あるいは反日の知識人の見方は十分知られており、むしろ、「親日派」の見方こそ考察しておかねばならない。

そして、今や経済発展をとげて豊かな国になった日本を、ほぼ同じように発展した韓国の人々が、どのように感じ、日本のどこに注目したのか。また、相当「欧米化」した韓国の知識人の「日本論」は、欧米の「日本論」とどこが違っており、どこが類似しているのか。そこを見極める道程は、一見同じように経済発展をとげ欧米文化を吸収した日本と韓国が、お互いの違いと類似性をどこに見出しているのかを発見する旅路ともなろう。

室町時代の日本を朝鮮通信使はどう見たか

「常に聞く飢民の食を乞うる声」

韓国人の日本訪問記で、一冊の本になるほどのものとして、おそらく最初のものともいえる書物は、宋希環（ソン・ヒホワン）の「老松堂日本行録」であろう。このなかで、著者は、現在の兵庫県西宮付近を通過したときの印象を右の小見出しのように記述して、飢えた人々の多いことに驚いている。

時は一五世紀の始めである。

当時、朝鮮は、世宗王の下に明国から正式に冊封を受け、朝鮮北部の経営はじめ内外に積極的な政策を展開しているときであり、農業生産力の増大も見られた時代だった。

他方、日本では、大内氏をはじめとする地方豪族は、自己の遣明船をしたてるほど独立しており、また室町幕府の権威は九州地域はもとより四国、中国地方にすら充分及んでいなかった。そのせいもあって、いわゆる倭寇と呼ばれる「海賊」が横行していた。

一五世紀初頭の、そうした日本は、朝鮮から見て、決して経済的に豊かな国とは見えていなかった。

また、宋希環は、瀬戸内海を航行中、海賊船に遭遇しており、約五〇年後に訪日した通信使節の一員、申叔舟（シン・ソチュ）も、大内氏から送られた贈り物を海賊に掠め取られたと弁じているほど、日本は物騒な所であった。

それだけではない。日本は、政治的な安定を欠き、地方の豪族が跋扈し、中央政府の統制力の弱い国と映っていた。そのことは、いわゆる倭寇の背後に地方の勢力があり、それらが、貿易や海運の利益を求めて、「無慮一千三百余人」の「使者」を日本各地から朝鮮へ乗り込んでいたことにも反映されていた。また、一四三九年、通信使に任命された高得宗（コ・ドゥクチョン）に対して、朝鮮王世宗は、わざわざ、日本のような辺那なところへ行って災難にあっても我慢するよう、諭していた。このように、当時の朝鮮にとって、日本は、不安定な、いささか混乱した社会とみられていた。

では、日本の政治、経済の他、日本の社会風俗、思想、文化の面では、来日した朝鮮人は何を感じたのであろうか。

何と言っても、朝鮮半島からの来訪者にとって当時の日本社会について目についたことの一つは、日本が仏教社会であることだった。

これは、当時の李朝が従来の仏教に代えて、朱子学を基礎とした儒教思想を支配理念にすえていただけに、李朝の知識人にとって、日本社会における仏教の浸透が一層目についたのだった。もともと、日本は、朝鮮に対して経典の提供を求めており、また、朝鮮通信使との対話も日本の仏教僧侶が役割を果たしていたことなどから、朝鮮側は、訪日の体験を離れても、日本を仏教国と見なしていたことは疑いない。

他方、日本の社会風俗に関連して、朝鮮通信使は、日本の婦人について、夜になると「淫奔である」とし、日本の性風俗に眉をしかめている。宋希璟の「老松堂日本行録」も「路店に至れば遊女、裾を半ばちらつかせる。その淫風大いに行われ」と記し、同時に「其の王もっとも少年を好み、択びて宮中に入らしめ、宮妾多しと雖ももっとも少年を酷愛するなり」と男色の習慣にも触れている。これは、朝鮮の知識人が厳格な儒教思想に染まっていたことと関連していると考えられる。

このように儒教思想の政治的浸透の下にいた朝鮮の知識人は、日本婦人の風俗に関する見方のみならず、日本の学問や知識人の動向についても、儒教的観点からの見解を記録している。すなわち、朝鮮の使節の見方では、日本人は詩歌を学ぶが、四書五経などの経典は学ばないとし、儒教の学問や思想については朝鮮が上であると見ているのである。

蔑視、警戒、されど無視できぬ相手

こうして、当時の朝鮮における儒教思想の浸透を背景に、朝鮮の知識人たちは、日本と中国を対比し、また、中国文化を習得した朝鮮と日本とを対比して、日本を下位に位置づけ、ある種の対日蔑視感を持つに至っていた。

たとえば、一四二八年に来日した朝鮮通信使の朴瑞生（パク・ソンセン）は、足利義教に、明国への日本の朝貢の斡旋を依頼されたが、このことを以て、彼は、「日本は小国であり、みずから明朝に達することができない」国であると見なした。そして、そうした日本と明国の間に立って、仲介を行うことは、明国の不興を買うおそれもあると気遣って、結局、義教の依頼を無視した。こうした対応には、日本を軽視あるいは蔑視する感情が滲み出ていた。

他方、朝鮮が、日本からの特段の要求がないにも拘わらず、通信使を数回にもわたって、室町幕府に派遣し、国書を提示していることに注目せねばならない。すなわち、朝鮮側には、倭寇の取締りや、日本へつれ去られた朝鮮人の「刷還」（送還）といった具体的問題解決への意欲があり、日本との交流と対話は行いたいという意志があった。その上に、日本に対して一般的警戒感があったことが、逆に情報探索を兼ねた交流意欲につながった。ただ、そうした意欲は、対日警戒感と結びついていただけに、日本に少しでも侮られてはならぬという態度をつらぬくことと連動した。事実、通信使一行は、日本へ出発するにあたり、皇帝から

「日本人の嘲笑を浴びることなきよう心がけよ」との注意を与えられていた。また、日本滞在中、通信使一行への接待が十分行き届いていないとし、これを「薄待」と読んで非難したこともあった程である。正に、日本は、儒教思想あるいは中国文明の吸収において、朝鮮と比べ十分ではなく、また、歴史的理由から警戒すべき国であったが、同時に、交流、対話も必要な相手であり、またそうすべき時期でもあった。

そのような時期における朝鮮の対日姿勢に、かたや警戒感、かたや一種の蔑視感が見られるのはある意味では当然である。そして、こうした警戒感と蔑視感は、その程度と態様に多少の違いはあるにせよ、常に日韓関係に底流として存在してきたと考えるべきであろう。

なお、こうした底流を乗り越えて、中央政府当局とは離れたところで、地方交流や民間交流が室町時代には盛んに行われていたことに注目せねばなるまい。「海賊」や倭寇の出没は、公式の関係とは別の交流が日朝問でいわば堂々と行われていたことを意味しており、一種の民間交流と見ることもできる。こうした形の交流を、日朝関係の影の部分とみるかは、その時代時代の状況に照らして判断せねばなるまい。

豊臣秀吉時代の訪日朝鮮人の見方

秀吉の時代になると、当然、いわゆる朝鮮侵略によって、朝鮮の日本に対する見方は非常に敵対的になったことは否定できない。しかし、本来秀吉は、明国、ひいては東亜に覇を唱えることを目的とし、朝鮮「征伐」は、そうした遠大な夢を実現するための過程にすぎず、また、朝鮮側も、明国との政治的文化的関係をどう処理するかの一環としてのみ対日方策を考えていた。したがって、戦時あるいはそれに近い時期にあっても、日本と朝鮮との「政治的」接触は途絶えてはおらず、朝鮮の知識人の日本訪問記がいくつか残されている。なかには、日本に捕虜として連行されたが、日本の知識人の知遇を得て数年後朝鮮へ帰国した姜沆

（カン・ハン）のような人物の残した、興味ある記録もある。

これらの記録から窺える当時の朝鮮の日本観はどうであったのか。

武士の倫理と天皇の権威

「朝鮮は、礼儀を重んずるのに対して、日本は武力を誇示し、先駆入朝を以てするは、交隣の義にあらず」――一五九〇年に来日した金誠一（キム・ソンイル）はそう記す。また、姜沆も、「戦争の一事が、この（倭＝日本）奴の得意とする技であります」と言う。

しかも、こうした日本の好戦性は、武士の倫理と結び付く。すなわち、金誠一は、日本人の「人性」（国民性）について「戦死為栄」（戦死をもって栄誉とする）ものとし、また、姜沆は、日本の好戦性は、国民性というより、制度、体制のなせる技だとして、「法令もまた同じく束縛し、賞罰もやはりまた駆り立てるのである。だから、その将の大半が脆く弱くはあっても、みな敵に向かって死をかけて戦うことができるのである」とする。

そして、こうした好戦性は、秀吉の悪名高い「耳塚」あるいは「鼻塚」と結び付けられて日本人の残虐性へと発展し、日本の刑罰は、「備極惨毒」と形容されるのである。このような、軍事情勢あるいは武力、武士道に関する観察とならんで、朝鮮の人々は、日本の政治、とりわけ統治の基礎、制度に目を向けた。

一五九六年に訪日した黄慎（ホワン・シン）は、その著書「日本往還日記」のなかで、日本の統治体制について、権力と権威の分離を指摘する。すなわち、天皇は非常に尊敬されているが、国事には与からず、「唯一日三回入浴し、一回拝礼する（唯遂日三沐浴一拝天）」だけで、国事は皆秀吉がこれを行うとしている。

そして、社会階級を公卿、兵、農、商、僧に分け、貴族階級と僧侶だけが文字を解し、将官でも文字を解さず、言わば、僧侶と公家の知的独占によって階級制度が維持されている状況ととらえている。

日本女性は浮気っぽいのか？

軍事、政治といった戦略的側面ではなく、日本社会や風習についての、通信使たちの観察で、まず目につくのは、日本人の清潔好みである。

日本人は入浴を好み、寒い冬でも入浴し、街には浴場があり代金をとる――そうした点に朝鮮の使者は、とりわけ目をみはった。そして「其俗清浄簡素」として、日本人の清潔好きを特筆している。

しかしその一方で、日本婦人について、清楚で聡明としながらも、至って淫靡であるとし、良家の子女ですら浮気心があり（多有外心）、商家の女性もそうであるとし、皆ある種の下心、浮気心がある（潜有所私）としている。

右のような、日本婦人観は、あきらかに、李朝朝鮮の儒教理念と貴族、すなわち、朝鮮における、いわゆる両班階級の女性の風習との対比で、日本婦人を見聞した結果にほかならない。

また、黄慎は、日本人を、一般的に軽薄で、子供じみたところがあると論じているが、これも、漢学の素養の観点から人々の行動を観察したせいと考えられる。そして、日本の金銀は、明国のものよりも低悪であるとするなど、常に中国との比較、あるいは中華文明の尺度で日本を見ている様子がうかがえる。姜沆も、日本の知識人の漢学の素養の欠如を批判し「倭人で文をよくするという評判の者は、ただ諺訳（かな文字）を用いるのみで、文字（漢文）はまずよく知らないのであります」と評している。

ここでは、平安時代以来、かな文字文化が花咲いた日本の状況は知られておらず、もっぱら、漢学の程度によって日本の文化度が評価されている状況が浮き彫りにされている。

鼠か虎か——国内政治にひきずられた対日観

一五九〇年、京都聚楽第で、秀吉の引見を許された朝鮮使節黄允吉（ホワン・ユンギル）と副使金誠一は、それぞれ、朝鮮国王に秀吉についての自分の見方を報告した。

黄は、秀吉を「眼光の鋭く光る『胆智人』」とし、秀吉は必ずや兵を朝鮮に向けるであろう」と報告した。ところが、副使の金誠一は、秀吉について「その目は鼠のごとく畏るるに足らない」とし、日本軍の侵入の可能性を云々し人心を騒がせてはならないと言った意見をのべたという。

こうした意見の相違の裏には、朝鮮内部の政治的抗争の影響があった。

当時、朝鮮では、既存の官僚勢力と新進勢力の間で、人事権の掌握などをめぐって激しい意見対立があり、東人と呼ばれる勢力と、西人と呼ばれる勢力との間で、政治的抗争があった。ところが正使の金は、西人派出身であり、他方、黄は東人派であった。黄は、そうした事情から、あえて、金の意見と違う見方を提出したのであった。

このように、朝鮮内部で激しい政争があるとき、朝鮮人の対日観は、そうした政争に影響されて歪曲されやすいことが暗示されている。

このように、秀吉時代の日朝関係で特徴的なことは、日朝両国における中央と出先、政権内部の政治的抗争や対立が、朝鮮側の対日観や日本の朝鮮観に大きく影響している、あるいは影響しかねない状況だったことである。言い換えれば、朝鮮側の対日観の表明や日本の対朝鮮観自体が、一種の政治的行為であった。すなわち、日本や日本の要人に対する朝鮮の見方が、政治的理由から、いわば人為的に「作られた」ものになる事態が見られたのである。そして、そうした傾向は、今日でも、時として見受けられる。たとえば、現在、日本人の北朝鮮観は、北朝鮮の現実に対する評価から生まれているというよりも、むしろ特定の政治的思想の反映である面が強いように思われる。日本の韓国に対する見方、あるいは韓国の日本に対する見方自体も、政治的に操作され、あるいは政治的理由から自己欺瞞に陥っている要素が無いか、充分みきわめる必要があろう。

江戸時代初期の朝鮮通信使の見た日本

秀吉の朝鮮侵略の後、一七世紀初頭に徳川幕府に対して派遣されたいわゆる朝鮮通信使は、一六〇七年の呂裕吉（ヨ・ユギル）一行、一六一七年の呉允謙（オ・ユンキョム）の使節団、一六二四年の鄭岦（チョン・イップ）の一行を数える。これらの通信使あるいは随行者の対日観には、秀吉の「侵略」の直後だけに、日本に対する敵懐心、警戒が強く出ているが、同時に、それだけに、警戒すべき相手に対する冷静な見方もかいま見られる。

王道に拒夷の道なし

一六〇五年、かねてから日本とも関係の深かった松雲（ソン・ウン）大師は、対馬の藩主、宗義智に伴なわれて、いわば「個人的に」伏見城で徳川家康に接見した。その時、家康は、朝鮮からの正式の通信使の派遣を示唆したとみられ、これを受けて朝鮮王朝において、通信使派遣の是非が論じられた。

その際、朝鮮王、宣祖は、日本との信頼関係の回復がなければ通信使派遣に応じるべきではない、としつつも、「王道に拒夷の道なく、また朝鮮と日本は尽夜平行するごとく地理的にも近く、これと永く交わりを絶つことは困難である」とのべて、適当な時期に通信使を派遣することを示唆したといわれる。

この宣祖の言葉は、日本を「夷」扱いはしているが、日本との交流を重視しており、日本を単に仇敵と見なして敵視することだけに終わりがちな時代だっただけに冷静な見方として注目すべき見解である。

こうした宣祖の冷静な判断の裏には、戦略的考慮があったものと考えられる。それは明国との関係である。一七世紀初頭には、後に清朝を建てる女真族のヌルハチの活躍が目立ち、しかも、明では、国内の政治抗争が激化しつつあった。こうした、いわば明朝の困難な状況とヌルハチが朝鮮半島へも進攻しかねない状況では、朝鮮としては通常以上に、明に対して「気を遣う」必要があった。いいかえれば、日本との関係は、明国との関係の従属変数であった。このことを、象徴的に表しているエピソードは、日本の首脳に送る国書に記す年号の問題である。

国書における記述に関しては、徳川将軍を王と称するか否かという「王号」の問題のほか、年号の問題があった。この時期、朝鮮側は、通常中国の年号を使っていたが、日本側は、干支を用いたり、あるいは日本の元号を使ったりした。朝鮮側は、明国への配慮もあり、日本の年号の使用を拒むこともあったのである。

対日観と対朝鮮観の連動

しかし、逆に、こうした問題を通じ、朝鮮側は、徳川時代の日本が、中国の冊封体制の外にあることを深く意識することになった。そして、それだけに、日本との関係は、中国の冊封国同士のやり方とは違う方式をとるべきものであり、またそれだけに工夫を要した。すなわちお互いの地位をどう認識し、国家の面子たる対等性をどのように確保するかが、対日関係上、大きな問題であった。しかし、対等性の確保は、自己の方針だけでは貫徹できず、相手方がどのような形式を主張するかによって変わってこざるを得ない。すなわち、朝鮮の対日観は、日本の対朝鮮観と連動することになるのは必然的流れであった。

そして、日本の対朝鮮観と言う場合、朝鮮側にとって当面最大の関心事は、日本側に再び朝鮮を侵略する意図がないか、という点であり、そこを見極める一つの要因として、通信使たちは、徳川政権の国内的安定度に強い関心をはらった。例えば、一六〇六年、朝鮮の朝廷で通信使派遣の是非が論じられた際、日本の政情が未だ安定していないときに通信使を出すべきではないが、まず今は別途人を派遣し、情勢を探るべしとの議論が大勢をしめたと言われる。

それだけに、朝鮮側は、日本の政権内部の政治抗争にも目を配った。例えば、一六三七年、任絖（イム・クワン）を正使とする通信使一行は、通信使の日光東照宮見学問題を巡り、幕府内部に政治的抗争（井伊、酒井などのグループと土井利勝、林羅山らのグループとの確執）が存在することを、対馬藩関係者から打ち明けられ、それに特に関心を示したという。

対等性を確保すべき相手

では、日本との現実の交流において、朝鮮側が重視した対等性の確保とは、具体的には何であったのか。

先述した「年号」の問題は、正に、日本との対等性を確保する一つの象徴であった。また、朝鮮の国書への日本側の返書が「国王」名でなければならないと主張したのも、対等性の問題がからんでいたからであった。それだけではない。一六一七年の通信使（正使呉允謙）が、一旦受け取った秀忠の親書において、「秀忠への贈り物のリストを受領した」（目録領納）と書かれていた事をとがめ、「納」の字の変更を主張したこと、また、同じ書簡の「自愛珍重」という表現は不当であり、「自」は対等国同士の礼儀に反するとして改作を要求したことにも対等性への執念が現れていた。

こうした、対等性の重視は、日韓交流における、前提条件の問題ともからんでいた。朝鮮側は、徳川幕府の方が、まず書簡を寄越して通信使の派遣を要請する形をとるべきこと、また、過去の侵略へのいわば謝罪の意味を込めて、王陵を侵犯した犯人の捕縛送還を行うべきことを要求した。いってみれば、謝罪の意を象徴的にせよ表明し、また、国交を開始するのなら、まず日本側から「お願い」する形をとれ、ということであった。

また、通信使は、秀忠の親族からの金銀の贈与や通信使の通過した藩からの餞別品などは、一応うけとるにしても、原則として現地で処分してしまい、恩恵を受けた、あるいは、金銭上の利益を得たという形にならないようにとの方針を堅持した。

ここにも、通信使一行の対等性への執着が見て取れる。

「文」より「武」の日本と都市の繁栄

対等性などといった、国と国との付き合いのやり方から見た対日観ではなく、通信使たちは日本の社会や日本人の「国民性」についてはどういう見方をしていたのであろうか。

一六一七年来日の通信使に同行した李景稷（イ・ギョンチク）（号は石門）の書いた「扶桑録」には、日本における刑罰の種類を列挙して日本人は残虐であるといい、同時に日本人は傍若無人であり、総じて「猛禽」に等しいと決めつけている。また日本人は死を厭わず（軽生好死）、戦闘心を持つ（常有戦闘之心）としている。こうした見方の背後には、朝鮮人の重んじる儒教的倫理や礼法を、日本人はそれほど重視せず、むしろ武士道を重んじ、とかく武力に訴える人たちであるとの、ある種の固定観念があったものと考えられる。

そして、そのような儒教思想の反映とみられる対日観は、文化面でも存在した。例えば、林羅山などとの交流においても、朝鮮の人々は、林の漢学の素養を評価しつつも、日本の学者の知識が儒教に集中せず、仏教知識と混在していることに批判的であった。そして、日本への仏教文化の影響の面についての観察は深いものではなかった。

今日においても、日常生活における仏教の影響と儒教の影響を、日韓両国において比較してみると、相当の違いがあり、過去の問題に対する態度や女性観など、いろいろな問題についての感覚的違いを生む一因となっていることに注意を要しよう。

その一方、朝鮮からの使節は、日本の経済的繁栄に注目した。一六〇七年の使節に同行した慶暹（キョン・ソム）は、日本の都の市街は繁栄し、物資は豊かであると記述し、また、一六二四年の通信副使であった姜弘重（カン・ホンジュン）は、大阪の繁栄ぶりを「市貨堆積、百物皆備」と形容している。

総じて、この時期になると通信使一行の日本観察のうち、日本の商業、経済活動の活発さへの印象についての叙述が目立っており、室町時代の日本印象記とは大きく異なってきている。

経済ばかりではない。技術や工芸の精密さも朝鮮使節の注意を引いた。

姜弘重は、天文、医学、そして鍼術等について「備わっていないものはない」と賛辞を呈し、また植物栽培技術や花飾りの華麗さを嘆賞している。

通信使の変質と日韓関係の微妙な変化

三田渡の石碑は何を語っているか

三田渡――ソウルの中心部を流れる漢江の南、幾つかの建物に囲まれた小さな公園に、大きな石碑がある。これは、一七世紀、李王朝が中国（清）の軍門に下り、王子を人質にとられた上、清朝に忠誠を誓う詔書を提出している姿を描き、その歴史を刻んだ記念碑である。

一七世紀初頭から中葉にかけ、朝鮮は後金（そして後の清）に度重なる軍事的圧力を受けた。しかし朝鮮は、衰退する明国を支援する方針を捨てず、いわば、二股外交路線を歩まざるを得ないと言うディレンマに陥っていた。そうした状況下で、対日関係には微妙な変化が生まれてきた。日本は、一方では秀吉の侵略の傷痕の消えない相手であり、相変わらず警戒すべき国ではあるが、他方、清国に対する牽制という観点に立つと、戦略的パートナーとなりうる国として意識されるようになっていた。例えば、朝鮮王朝の朝廷の論議において、日本に明国支援の軍事行動を求めるという意見すら出るほどだった。

その一方で、朝鮮が日本と親密な関係になろうとすれば、清朝がそれに対抗して日本と接近しようとするやもしれずそうなると逆効果になりかねないという見方も存在した。いわば、朝鮮内部にかなり顕著な対日観の分裂症状が現れつつあった。

こうした分裂症状の根底には、朝鮮の対外関係を規定する要である中国自体が、明国の遺臣と新興の清朝との間の分裂症状を呈していたことがあった。

清朝への朝鮮の忠誠のシンボルである三田渡の石碑は、朝鮮の運命が中国によって決まることの象徴であるとともに、実は、清朝への最終的屈服は、同時に、朝鮮国内の分裂回避の表象でもあったのだ。

いずれにせよ、この時期の朝鮮の対日観の分裂をよく象徴しているものの一つは、一六四三年の通信使節団の帰国報告であろう。この報告において、正使の尹順之（ユン・スンチ）の意見によれば、日本は、近年軍事的行動を内外に起こしておらず、「武力に訴えることを止めた」と言っているのに対して、副使の趙絅（チョ・ギョン）は、日本では子供ですら刀を帯びており、相変わらず武力重視の国だとして、警戒感を露にし、意見の分裂が表面化している。

しかし、両者に共通するのは、朝鮮は基本的には、あくまで朝鮮と中国との関係という観点から日本を位置づけていたことである。ただその場合でも、明と清との対立や、西洋勢力の東漸もあり、日本を今までに比べて、一層広い国際的視野の下に位置づけようとする態度に少しずつ変化しつつあった。

他方、実際の対日接触に当たっては、日本への接近政策には内部で硬軟両論があっただけに、日本は「試す」相手、すなわち、よくその政治、軍事状況を把握すべき国とみなされ、ともかく情報を収集することに重きがおかれた。その結果、通信使の訪日記録を詳細に編纂するといった動きが活発になった他に、そもそも、日本に対する外交交渉は何かを成就するためのものというよりも、相手の真意や実情を把握するためのある種の「情報活動」的要素を持つようになった。たとえば、一六三六年の通信使節が、日本側の国書における「大君」の使用について、日本側と激しい論争を繰り広げたのは、大義名分論もさることながら、こうした論議を通じて、徳川政権の安定度や信頼度を見極めようという、情報工作的側面があったとみられるのである。

こうした情報工作とも関連して、朝鮮の使節は日本の軍事力や技術力に注目した。

例えば、大阪城と江戸城の規模に注目し、大阪城は「壮麗無比」と感じ、江戸城は幾層にも重なった「大閤」と見た。

また、大阪、兵庫において船舶を観察し、その精巧さに感嘆した。

通信使一行は、各種の器物や刀剣類の精巧さにも感心しており、このことは、朝鮮政府関係者の中に、日本からの武器調達を進言するものがあったことにも反映されている。

信義誠実の国か

このように、相手国を準パートナーとして考える萌芽が出てくると、相互に真に信頼関係を築ける相手か否かの詮索は厳しくなる。特にこの時期の朝鮮には、日本に対して不信感と期待感の両面があっただけに、それだけ一層、信義誠実の証を日本に求めた。王号と年号についての、次のエピソードは、朝鮮側が信義誠実を重視しており、日本側もできるだけそれに応えた形の対応を行ったことを物語っている。先ず、王号に関連するエピソードがある。朝鮮側は、家光が書簡について大君号を使用しないことに難詰したが、その際日本側は、「自分を大君として自署することは高ぶる（自尊する）ことになりかねないのでこれを避けた」と説明し、朝鮮側はこれに納得している。また年号についても、日本が固有の元号を書かないのは、これによって誠信を表すためだという日本側の論議を受け入れている。

他方、パートナーシップに不可欠な、社会、政治思想の共有については、朝鮮側は、日本を仏教第一の国とみなし儒教や礼法に十分精通していない国と見た。また中華思想に従って、日本を依然として「夷国」とみなした。このことは、通信使一行が日光東照宮を参詣した際、香を焚くことを拒絶したことにも象徴的に現れていた。

とりわけ、朝鮮側から見れば、政治理念としての儒教思想をどこまで日本と共有できるかには疑問があった。たとえば、親への孝行心について朝鮮の訪日者は、日本では「親子の間に『厳敬之道』なし」としている。

また、依然として、日本の刑罰や武道を引き合いに出して、日本人の好戦性を強調している。

しかしながら、注目すべきは、こうした日本人の好戦性や戦闘心の主因について、その背景を、これまでの朝鮮の見方以上にはっきりと封建制度下の日本の法令や制度に求めていることであろう。たとえば、一六三六年の通信副使金世濂（キム・セキョム）は、日本人の習わし（国俗）として「生命を軽んじ、死を厭わぬ（軽生好死）」と言いつつも、同時に、戦いを好むのは天性だけのせいではなく、法令や賞罰のせいであるとしているのである。ここでは、軽々しい国民性論をこえて、日本の制度、法制が、社会の風習に及ぼす影響を考察していたことが見て取れる。

政治理念の共有と並んで、準パートトナーとして日本を位置づけるには、一層「対等性」に気を配らねばならないことになる。

しかも、この時期になると、単に王号や年号、あるいは書簡中に使用する文字、あるいはまた、接待の形式といった「形」の上での対等性の確保もさることながら、それよりも、むしろ、精神的な意味での対等性を維持することが重んじられた。

たとえば、一行の随行者のなかには、朝鮮ニンジンの密売を行うものなどもおり、全体として、通信使一行の訪日に商業的意味を加えようとする意図をもつ者が増えてきたにもかかわらず、（また逆に、それが故にこそ）通信使は、公的には日本側から金銭の贈り物を受け取る事をかたくなに拒否した。そして、そうした拒否が非礼にあたるとされると、一応贈り物を受け取った上で、対馬藩へのねぎらいとして渡したり、あるいは、釜山に持ちかえって公務の費用に当てたりした。

こうした行為は、相手方から「恩恵」を受けたという形を拒絶すること、すなわち、対等性を精神面で維持するためのものであったといえる。また、このような傾向が強く出ている背景には、政治外交上の戦略の他に、儒教思想を堅持せんとの思想があり、それは日本を「蕃夷」と位置づけることにもつながり、それはまた、「恩恵」を受ける相手ではないとの考えにつながっていた。いいかえれば、そうすることによって、みずからを精神的に上位に置くという心理あるいは態度であった。たとえば、一六四二年の通信使節が持ちかえった家光の書簡には、称号が記載されておらず、朝鮮国内で問責の声まであがったが、結局、「日本は、所詮文字を尊ぶ国でないのだから」との理由で、使節が問責されなかったことに象徴的に現れている。また、来日した朝鮮の知識人が、日本婦人を「淫乱」とし、その性風俗を強く批判していることも、儒教思想の女性観を自らに徹底させようとする姿勢の一環とみなし得よう。

「異国」朝鮮、「異国」日本との文化交流

この頃になると、通信使節団の団員の密売や乱行が問題となって、対馬藩から朝鮮側に申し入れがなされるようにまでなった。このことは、通信使の来日が、政府間の「行事」であるのみならず、国民一般の注目をひく事業になってきていたことを暗示している。こうした変化の一つの要因は、鎖国の実施にともない、日本にとって「異国」は、朝鮮が中心になってきたことと関連している。その結果、今まで以上に、通信使の来日時における朝鮮との文化交流が盛んとなった。一つは、漢文による詩文交換、書の交換、さらには筆談による知識人同士の知的交流などであった。また、朝鮮の楽器演奏や馬術の披露、日本側からの能楽の披露などが行われ、通信使のかくれた使命が、政治的なものばかりではなく、学術、文化の領域に及んで来る傾向が顕著となった。それに伴って、（記録の上では明確な証左を見いだしがたいものの）、朝鮮人の日本観も、使節団の幹部のいわば「正式の」日本観を一方とし、密売や乱行を行って日本人との接触を持つようになっていた朝鮮人層の「自然な」日本観を一方とする、日本人観の二分化の兆候が現れつつあったことが想像される。

そして、こうした二分化現象があっただけに、また、公式な関係の周辺に、いささかどろどろした民間交

流が湧出していただけに、朝鮮は、相変わらず表面的には、執拗な要求を行うことをためらわなかった。

然し、この時期の朝鮮の対日観と対日態度において、今日の視点からとりわけ注目すべきと思われる点は、朝鮮の一見「執拗な」要求や態度は、必ずしも、その事柄に関する思想的あるいは戦略的考慮に基づくばかりではなく、むしろ、日本側の真意や本音をさぐるための、いわば「テスト」であり、そうした「試験」に相手をかけることによって、相手の立場や状況を、いわば「探索」することにあったという点である。そしてそうした「探索」がとりわけ重視されたのは、朝鮮内部、そして、日朝関係自体に政治的、外交的分裂症状がみられたからである。その結果、朝鮮通信使は、ある意味では探索、情報活動の使節団になっていたのであった。

一八世紀の日朝関係と朝鮮の対日観

儒教思想共有の進展と優越感

一八世紀初頭、徳川綱吉の逝去と新井白石の登用を大きな契機として、幕藩体制下の政治姿勢の基本に変化が見られた。すなわち、徳川氏の覇権確立を主目的とする政治姿勢から、より広い意味での体制の安定化に政治の基本理念が移っていった。それにつれて、徳川幕府は、儒教思想を政治、外交の中心にとりこむ傾向が強くなった。その結果、儒教思想を強くもった李朝朝鮮との政治理念の共有感が強くなって来た。

そうした状況を背景として、朝鮮と日本との交流における儒学者同士の詩歌交換や知的交流が増加あるいは深化された。こうした交流は、江戸での、新井白石や室鳩巣と趙泰億（チョ・テヨク）等の通信使節との面談、あるいは、林信篤と申維翰（シン・ユハン）との対談などに限らず、通信使節一行が、江戸への道中で、福岡藩や岡山藩の儒者と交流するところまでに広がっていった。

こうした交流は、両国の儒者の間に共感を育て、朝鮮側の日本への親近感を自然のうちに強めていった。対馬の儒者雨森芳州と一七一九年来日の通信使に同行した申維翰との友情は、その一つの典型といえよう。

他方、儒教思想での共感が高まれば高まるほど、朝鮮側としては、それだけ日本の習慣、文化、社会などを儒教思想の観点から評価する度合いも高まるのは自然の勢いであった。いいかえれば、儒教思想から見て不充分あるいは不良とみられる点への対日批判も高まったのである。たとえば申維翰は、日本では儒者は国家試験を受けて官に登用される道が開けていないことを批判し、また、一七一一年の通信使趙泰億は、新井白石との面談中、なぜ雨森のような優秀な儒者が充分活用されないのかと批判的言辞を呈している。

しかし、それよりも、朝鮮人の対日観の変化という観点から見て重要な点は、日本側が儒教思想を政治理念として取り入れれば取り入れるほど、朝鮮から見れば、自分は上位にあり、日本は下位にある、そして、日本は「夷国」であるという見方ないし感情を、逆に強めることになる点であった。現に、一七一九年の通信使節の残した記録には、日本の朱子学にはまったく見るべきものなしとし、詩歌も拙劣であるという趣旨の記述がみられるのである。

このように儒教思想の共有は、一方で、朝鮮の日本に対する親近感を増すとともに、日本に対して、儒教思想の吸収の程度は、日本と比べ朝鮮側に一日の長があるという意識を朝鮮側で強めることにもなった。

日本観と日本人観の二面性

儒教思想の共有を背景とする、朝鮮側の対日親近感と優越感という二面性は、日本の政治、社会一般についての朝鮮の対日観にも影を落とした。すなわち、朝鮮通信使一行は、一方では、徳川吉宗の政治姿勢や日本社会の政治的安定度について高い評価を行い、また、経済的繁栄についても、「江戸市街の整然としていることや、賑やかなところは中国よりすぐれている」とし、当面、日本は侵略的行動に出ることはないであろうと見た。しかしその一方で、日本は軍隊によって立つ国であり、子供まで武芸を好んでいるとして、日本の軍事行動に対する警戒感を依然捨てていない。たとえば、一七四八年の通信使の日本紀行のなかには、次のような下りがある。すなわち、「日本人のなかには、秀吉は確かに朝鮮の恨みを買うようなこともしたが、反面、頻繁に出没していた倭寇の取締には功績があり朝鮮に対して良いこともしたという者もいる」としている。ここでは、日本人には、過去についての反省の意識が十分でない人がいるということが、朝鮮から見ると、日本の侵略的意図の残存への疑いと連動している気配が感じられる。

このように、この時期の朝鮮通信使が、日本という国家や社会一般について抱いた見方には、表裏両面があった。それと同じように、日本人の国民性についての見方にも二面性が目立つ。

たとえばよく言われてきた日本人の「好戦性」である。一方で、通信使たちは、日本社会は安定しており、日本人は太平を謳歌し安楽に暮らしているので、一朝事あってもすぐには（軍事的）行動計画をたてられないであろう、といった見方をした。しかし、その一方で、日本人は「生を軽んじ、敢えて死を選ぶ」精神をもち、また狡猾であって、力で押し切ろうとする国民であるとする見方を捨てていないのである。

こうした、日本および日本人についての、一見矛盾する見方、あるいは二面性が、この時期になると目立って来ている背景には、そもそも、通信使節団の果たす役割に変化が生じていたという事情がある。すなわち、一方では、非公式な民間レベルで「馴れ馴れしい」人的交流が行われるが、その一方、公的関係は依然礼式と名分に左右されて硬直的であるという、日韓交流の矛盾が次第に顕在化していた。いいかえれば、この時代になると、日韓間の交流は、両国の政権の統制が必ずしも十分きかない状態になっていたのである。このことを象徴する出来事の一つは、釜山の日本の出先機関とも、現地の交流機関とも言える「草梁館」における日本人の乱行や現地婦人との「密通」などが大きく問題となっていたことである。

さらに、より鮮明に時代の流れを象徴している事件は、通信使一行のメンバーの一人崔点宗（チェ・チョムチョン）を、対馬藩の通詞鈴木伝蔵が殺害した事件である。この事件の真相は、必ずしも明白ではないが、一六一九年の通信使節の来日の際にも、使節団の一員が自殺しており、こうした事件の発生は、使節団員と日本人との間で、商売上などの付き合いが拡大していたことを暗示している。言いかえれば、日韓関係は、いささかどろどろとした交流と公的な交流とに分解されつつあったのである。そして、その反映として、朝鮮人の日本観にも、両面性が目立ってきていたのである。

また、そうした変化にともなって、日本は朝鮮にとって、軍事的に警戒すべき相手から、よくその政治情勢を探索しておくべき国となり、同時に、貿易、文化、観光の対象となりつつあったのである。この時期の通信使の紀行に日本の観光名所についての記述が目立ってきているのも、その一つの反映といえよう。

明治の開国日本を朝鮮はどう見たか

明治維新を成し遂げた日本は、新政府の樹立を朝鮮に伝達し、新しい通交関係を開く意図を表明する公式文書を伝達しようと使節を度々朝鮮（釜山）へ送り込んだ。

釜山の朝鮮の代表は、数回にわたり、書簡の形式の不備等を理由に、書簡の受け取り、伝達や使節の公式の受け入れを拒んだ。

たとえば、明治元年、日本の使節（樋口鉄四郎）が書簡を持参して正式の面談を要求した際、朝鮮側の責任者安東畯（アン・ドンジュン）は、書簡には「違格の文字が多い」とし、また使節はその資格が明確でないとして、使節、書簡の受け入れを拒否した。明治二年、別の使節（大島友之允）が韓国へ赴いた際も同じであった。

こうした朝鮮側の態度の背後には、当時の朝鮮政府関係者全部ではないにしろ、安東晙に代表されるような人々の対日観が反映されていた。安は、その後釜山の「倭館」に留置されていた際、朝鮮側の真意について説明したが、そこには、対日不信感が強く感じられる。すなわち、安は、「(日本が) 急に新しいやりかたをし、言うことを聞けとばかりに一方的に言ってくるのは理にあわない」との趣旨を述べ、最後には、「(日本は)、朝鮮を日本の臣隷とする野望を抱いており、それに対しては、国力を尽くして相戦うだけだ」とまで述べるのだった。

ここには、「日本は朝鮮を侵略する、あるいは従属させようとする野望を常に抱いている国である」という見方が依然として顔を出している。江戸時代におけるいわゆる通信使外交は、秀吉の「侵略」以来の対日不信感を拭うまでには至っていなかったのである。

こうした朝鮮の対日態度や対日観の裏には、中国の冊封体制に組み込まれている朝鮮の、清国に対する配慮、気兼ねがあった。このことは、明治三年五月、浦瀬裕が、釜山で、安東晙と面談の際、安が、「『皇』や『勅』の字句については、清廷の内意を経伺することを要し、到底清国に認められる見込みもない」と述べていることからもあきらかである。

清国との関係ばかりではない。この時期の朝鮮の対日観は、西洋に対する朝鮮の警戒感とも関係していた。

このことは、明治三年五月、ドイツの軍艦が釜山に入港した際に表面化した。日本駐在の北ドイツ連邦代理大使をのせたドイツの軍艦が釜山に入港した際、ドイツ公使の依頼によってかつて釜山の「倭館」に勤務していた日本人の朝鮮語通訳者が乗船していた。朝鮮側は、これをもって、「洋と日本が密かに通じ合って策謀している（洋倭通謀）」として激しく抗議した。また、明治四年、森山茂が、使節として釜山を訪問の際、蒸気船に乗って来韓したことについて、朝鮮側は、朝鮮と日本との往来に汽船を使用してはならない、なぜならば汽船は「洋船」と区別できないからだとして一行の帰国を迫った。更に、明治六年の布告では、「洋船、洋服を用いる者は、日本人とは見なさぬ」とまで公言している。

このように、近代化の道を進む日本は、西洋自体による朝鮮「西洋化」の先兵あるいは同伴者と見られるようになっていたのであった。

日本の近代化路線への蔑視

しかし、日本の近代化路線への批判は、その裏に、中国の伝統的儒教思想に基づく、対日蔑視観が宿っていたことに注意する必要がある。

たとえば、蒸気機関を「奇技技巧」とし、「孔子の言葉にもない怪異」とよび、人体解剖をもって「父母を二度死なせること」とし「不仁の至り」とみなしていた。また、動物園や植物園といった「文明開化」の象徴についても、その建設費用は莫大であり、これでは国民生活が困窮するのは当然だと批判している。

これらの批判の背後には、儒教思想を至上のものとし、それからみれば、日本の行っていることは、倫理に反するという見方が宿っている。このように、伝統的儒教思想にすがることによって、日本のやりかたに対して倫理的優位性を保とうとする姿勢が典型的に現れているのは、朝鮮使節団が鹿鳴館の夜会に出席した際の次のような感想文であろう。

日本の女子はみな西洋の着物を着けている。これは維新以後の風俗だという。――（中略）――二〇歳余りに見える一人の美しい女が、大勢の人波の中で余の手を握って何かを話し掛けたのである。通訳に聞くと、それが、他ならぬ陸軍郷の夫人で、宴会にお越し頂いたことに対し感謝の意を表したという。――（中略）――余は、つとに娼婦や酒母の手を握ったことも一度だにないので、いきなりの出来事に戸惑うしか仕様がなかった。――（中略）――これは俗に「気違いの傍に立つと正常な人も気が狂う」という表現にぴったり当てはまる。男女に倫理がなく、尊卑に法がなくなったこと、ここに至るとは、嫌らしくて堪らない。

（朴載陽「東槎漫録」による）

近代化しようとしている日本は、「嫌らしい」ものに映っていたのだった。

「開化派」金玉均の対日観

明治初期の朝鮮の対日観は、日本の開国通達と通交要請に対する朝鮮側の対応に見られるように、儒教思想や中国の冊封秩序によって大きく束縛されていた。しかし同時に、近代化の模範として日本を見る傾向も台頭していた。いわゆる開化派といわれる人々の見方がそうであった。

そうした人々の一人であり、日本滞在も長く、我が国と特別な関係をもった人物に、金玉均がある。

金日成の金玉均観

一般的に、金玉均は、日本に抑留され、遂には上海で暗殺された悲劇の革命家であり、「親日派」の代表と見られているように思われる。

けれども、金日成（キム・イルソン）は、次のように述べて、金玉均の評価について、単にいわゆる「親日派」と見なすことに疑問を呈している。

一部の学者は、深く研究もしないで彼（金玉均）に親日派の烙印を押しました。周知のように、日本は東洋でいちばん早く資本主義的発展の道に入りました。それゆえ、金玉均は資本主義日本を利用してわが国を開化しようと試みました。ところがわが国が日本に侵略されるようになったので、かれは結局親日派ときめつけられたのです。かれが親日派かどうかは、今後さらに研究を深めるべき問題だと考えます。

（金日成著作集第一二巻　一五九頁）

利用すべき「文明国」日本

右の金日成の言葉のうち、特に注目すべきは、金玉均は「日本を利用して」朝鮮を近代化しようとしたという下りである。

金玉均は、まずもって、日本を近代化の先達とみた。だからこそ、彼は、早くから、腹心の李東仁（イ・ドンイン）を密かに日本に派遣して近代化路線の実情をさぐらせた。

しかし、それは、日本への憧れや親近感のせいというよりも、むしろ、いかに日本を利用して、朝鮮の独立と近代化を実現するかという問題意識に基づくものであった。だからこそ、金玉均ら開化派の蜂起によるいわゆる甲申政変に際して、日本の対応に不満をもった金玉均は、竹添日本公使に対して「我国を独立し、旧習を変革するには、手を日本に籍るに非ざれば、外に策なし」と述べたのである。

そして、金玉均は、早くから日本の近代化の失策とも言える面にも目を注いでいた。例えば、金玉均が、明治一五年、大院君に送った書簡といわれるものには、日本の貨幣制度改革について「日本は、初め外国の情形を識らずして軽く各幣を造り、害を為せし」と、強く批判しているのである。

こうした日本の文明化の一面に対する批判も金玉均は持っていたが、やはり基本的には、彼にとって、日本は「利用すべき」相手であった。そして日本に彼が、かなりの信頼感をよせていたのは、日本の「文明度」についての信頼があったからである。このことは、彼が、日本（小笠原）に抑留されている際に朝鮮国王宛に書いた書簡において、金玉均を暗殺することに日本政府が一役かっているという噂に関連し、「堂々たる一国の政府にして斯くの如き児戯に類する」ことをするはずがない、と断言していることにも暗示されている。また、その書簡において、金は「（朝鮮においては）愚昧の人民に教ふるに文明の道を以て」すべきと述べ、「文明」への信念を吐露している。

日本、朝鮮、中国の連携

近代文明に対する金玉均の信念は、彼の中国観とも関連していた。金玉均は、衰えたとは言え中国の勢力を重視し、朝鮮が、中国の一方的圧力から脱却し、自主をつらぬくためにも、日本の力を借りるべきとの考えであった。金玉均は、後藤象二郎への書簡において「自来、清国の自ら以て（朝鮮を）属国となすは誠に万無（あってはならぬ）の恥」と述べ、清国からの朝鮮の自主独立を平和的に実現できないのなら、日本を利用するしかない、と述べているのである。

しかし、他方において、金玉均は、朝鮮、中国、日本、三国の協調を重視し、「東亜策」あるいは「東洋三和」という言葉で、三国の連携を唱道した。こうした、東亜三国の連携を説いた金玉均の心のなかには、朝鮮の自主独立のためという信念に加え、国際情勢についての彼の考え方があったといえよう。その考え方は、彼が北海道へ配流されている時に行われた、読売新聞とのインタビューのなかで、次のように述べられている。

今日の世界は黄色人種と白色人種の戦場にてその勝敗の期も（亦）決して遠くにあらざる可し

もっとも、この言葉の前に、金は、意味深長に「日本の事は暫く措き」と、述べていることに注意する必要があろう。この、「日本の事は暫く措き」という言葉の裏には、帝国主義的進出を始めつつある日本は、「西洋＝白人種」の陣営に近づいていると見る心理が隠れていたのかもしれないからである。

「親日派」作家に見る対日観

日本の植民地時代の朝鮮人の対日観は、抗議と従属、恨みと羨望、畏怖と侮蔑、隔絶感と親近感と言った、対照的、二重構造のものとして語られやすい。ここには、世界の多くの土地にみられがちな、宗主国と被植民国との感情的葛藤もあれば、歴史的経緯に基づく、日韓関係にやや特有の感情もあり、そこを分離して観察分析することは容易ではない。事実、どうしても、この時代の対日観は、抗議、怒り、不満、恨みといった感情に左右されるか、さもなければ、植民地支配の不当性を強調する観点から論じられる傾向が強い。

しかし、忘れてならないことは、「併合」後の「朝鮮人」は、政治的な意味での国籍としては「日本人」であったことである。従って、この時期の「朝鮮人」の日本観は、ある意味では「日本人」の日本観であった要素も少なくなかったはずである。しかし、そうした観点からの対日観は、「親日派」の見方として、一括して問題にされない嫌いがある。そうした事情を考慮して、ここでは、敢えて、朝鮮の作家でありながら、日本語で作品を発表した幾人かの「親日派」作家の小説における「日本観」を観察してみたい。(取り上げる作家及び作品は、末尾の表の通りである)。

武士道と軍人精神の国

これらの小説の幾つかに出てくる日本の姿で何よりも注目を引くのは、武士道精神、軍人魂、そして愛国心に満ちた日本の姿であり、しかもそうした精神に生きる事を名誉と感じる日本人像である。

韓国人も日本人と同じく徴兵制度に組み入れられることを喜びと感じ、軍人らしく死に、靖国神社に祀られることを名誉と思う心情は、単に日本の植民地教育や「愛国心」の強制のせいばかりとは考えにくい。むしろそこには、少数であったにせよ、韓国人の心をとらえた武士道精神の一途さがあったといえよう。例えば、小説「かへりみはせじ」には次のような切々たる描写がある。出征する若い兵士が、母親に、「今に花の東京を見せてあげる」と言い、母親がそれを冗談として笑っていると、出征する息子は次のように言う。

死んだ僕は、勿体なくも靖国神社に神とまつられる。お母さんは遺族の一人として僕に会ひに東京へ行くことができる。そのいみだったのです。お母さんは一日も早く東京が見たいとは思ひませんか。

死の栄光は本人だけではなく、家族にも及ぶもので、いわば社会的な絆の触媒だった。そこには、迫害、強制、搾取に彩られた植民地主義とはまた別の「日本」があった。

「美しい日本」とそれへの同化

軍人魂や愛国心の先に、どこか清らかな、「美しい日本」があった。それは、春日神社の境内で、小滝のように垂れ下がっている白藤の「異様な魔力」（「東への旅」）であり、また、伊勢神宮の内宮の「比類なき神々しさ」（同上）であった。

そして、そうした「日本」の背後に、国体の尊厳さや「天照大神の御霊」（「聖顔」）を感じるとき、主人公の韓国人は、そうした日本を同化の対象としてとらえて行くのであった。

さう考へると、哲は安心して自分自身をこの国に任せきることか出来ると思った。といふよりもこの美しい国が、自分をほんとうの同胞として包含してくれたらどんなに幸福であろうと思った。自分を任せきることは自分から信頼されることだと思ふと、彼は忽然と勇み立つのであった。（「東への旅」）

しかし、韓国人をとらえた日本は、決して神社の神々しさや国体の尊厳といった、軍国主義と直結していたものばかりではなかった。日本は、近代化した、かっこいい側面を持っていた。その魅力が、韓国人をとらえた。

わしが三十六の年だったかな、日本の守備隊が初めてここにも参りやしてな。きりっとした軍服にぴかぴか光る銃を担って、タッタと歩いてるのを見ると、もうもう羨ましうて羨ましうて、一度でええからあの服を着て鉄砲を撃ってみてえもんだと、本当に真剣に思ひやしたが、ハハハ・・・（燧石）

そうした、かっこよさの背後には、近代化を進める日本の大きな力が感じられた。そしてその力にズンズン引きずられて行く朝鮮半島だった。ある部隊の儀式を描いた次の描写は、そうした姿の一面だった。

天皇陛下万歳を唱へた。そして、その次に何を唱へたと思ふ。賢坊。半島徴兵制度実施万歳と唱へたのだよ。皆が声を揃へてね。――（中略）――今日のこの喜びこそは、志願兵になってからの一番の喜び、生れ落ちてからの一番の喜び。

（「かへりみはせじ」）

同根の日本と韓国

近代化の先達として日本を見るということ、そして、同化の対象として日本を考えることは、日本と韓国との類似性あるいは同根という点を前提としていたともいえる。そうした見方は、特に奈良と慶州との対比に現れた。

ある作家は、奈良と慶州がともになだらかな山にかこまれ、慶州にも「三笠山」となづけられたほど類似の山があることに言及してさらに次のように言う。

それればかりではない。ナラは朝鮮語で国又は都と意味する言葉で、両者語源を同じくすることは学者の説を待つまでもあるまい。かうして国の都と云うものが古代の両民族にとっては、その名称に於いても、共通して居ったと云うことは、何かしら大きな意味を持つもののやうに思はれ、私は両地を訪れる度にいつも深い思索に誘はれるのである。（燧石）

この作品で興味深い点は、慶州と奈良の類似が、朝鮮から日本へ文化が渡った証拠であり、韓国がいわば文化的「先輩」であるといった形で提起されてはおらず、あくまで日韓両民族の同根をしめすものとして提起されていることである。

また、小説「大東亜」においては、日本人の某教授の口を借りて、かつまた、中国を引き合いに出して、「アジアの魂」という言葉が使われているが、そこには、「朝鮮」という言葉は一切登場していないことに注意を要しよう。すなわち、日本と中国は、言わば別の民族、別の国であるが、同じアジアの国であるという共通性がことさら強調されているのに対して、朝鮮半島は、いわば、そもそも同根、同源のものとして扱われているのである。

克日精神、そして、同化と排斥

日本との同化を説き、また、まさにそうした流れの象徴でもあった、朝鮮半島の日本語文学のなかにも、日本を乗り越えようとする民族の精神が、ふと垣間見られる場面も登場する。

東京の高等師範学校を卒業して、京城の高等学校の学監に任命された裵明植（ペ・ミョンシク）の態度のなかには、ある種の、克日と反抗の精神が滲み出ていた。

中学校での教育制度についての学監の意見に他の教師たちが反対し、反対の根拠として日本の中学校でのやりかたを例にあげると、学監は、次のように言う。

「ほう、日本に大教育家かおりますかな。実のところ、日本の教育はきわめて不完全なのですよ」

と、出藍の誉れという言葉のごとく、自分は日本で学んできたが、日本のあらゆる一流教育家よりも優れた新学説と新教育の理想を持っているのだと言った。
（無情）

「親日派」の作家たちにとって、日本は類似性もあるだけに、些細な違いも目につく相手であった。しかし、近代化を至上命令と考えれば、朝鮮の近代化には、日本の技術と精神の導入が不可欠であると映った。その精神の導入――それは、同化の努力であった。しかも、日本は良きにつけ悪しきにつけ一途であった。その一途さに従えば、自己は「日本」と同一化されてゆく。しかも、皮肉なことに、それは、「親日」というよりも、むしろ、自己確立の為の「過程」に過ぎなかった。あたかも、在米日系人が、米国の精神に忠誠を誓い、命を捧げることによって、自己を確立し、「日系人」たることを誇りとしたように、「日本」になりきろうとした朝鮮人にとって、「日本」は現実の日本というより、個々人が想定する、有り得べき自己の投影であったのではあるまいか。

総じて、いわゆる「親日派」作家たちは、朝鮮の日本への文化的、社会的同化への触媒機能を担っていたといえる。しかし、同化の過程は、和合への過程であるとともに、排斥の過程でもある。なぜならば、同化がすすむ過程で、相互の違い、些細な違いまでもが表面化するからである。その過程で、自己の存在意義（アイデンティティー）をいかに確立してゆくかは、同化がすすめばすすむほど問題となる。

そうした問題は、日本の植民地時代とは違っても、アメリカ化とグローバル化が進んできた現代においても存在する問題であろう。その場合、植民地時代においては、同化の過程が、政治的強制をともなっていたことに注意すべきであり、現代においてはたして経済的、政治的「強制」がどこまで行われているかに目をくばらねばならないであろう。

いいかえれば、現在の日韓両国の若者を中心にみられる、文化的親和性が、実は、世界的に共通の文化、風習の共有によるものに過ぎず、お互いの真の自己の基層まで届き難いものではないか、しかもそうした「共有」は、知らず内に、外部から実は半強制的な力によって植え付けられたものではないかという点についての検証が必要であろう。

注　この節（「親日派」作家に見る対日観）に引用した主要文献

（1）李光洙「無情」波田野節子訳、平凡社、二〇〇五年
（2）鄭人沢『かへりみはせじ』石田耕造編、「新半島文学選集1」ゆまに書房、二〇〇一年
（3）金士永「聖顔」同右
（4）李光洙『大東亜』「新半島文学選集2」
（5）石田耕人（崔載瑞）「燧石」同右
（6）高野在善『軍装』香山光郎編「半島作家短編週」朝鮮図書出版株式会社、ゆまに書房、二〇〇一
（7）牧洋『東への旅』朝鮮文人協会編「朝鮮国民文学集」、ゆまに書房、二〇〇一

これらの作家の略歴は、次の通り

李光洙　　別名香山光郎、一八九二年平安北道生まれ。早稲田大学哲学科卒
金士永　　別名清川士郎、経歴不明
石田耕人　別名崔載瑞、学徒出陣の体験あり
高野在善　別名高某と思われるが、詳細不明
牧洋　　　別名李石薫、一九〇七年平安北道生まれ。早稲田大学露文科中退

現代における韓国人の日本観

第二次大戦後の朝鮮半島の人々の対日観は、知識人に関するかぎり、南北分断を反映して、共産主義思想に基づく北朝鮮人の見方と、自由主義陣営に属する韓国人の見方とに分かれてきたのは、いわば自明のことと言える。

北朝鮮人から見れば、日本は、資本主義経済の国であり、また米国と「軍事同盟」を結び、南の韓国を支援する国である。従って、日本は、北朝鮮にとって、経済や社会発展のモデルになることはなく、また、政治的、軍事的に敵対国家であって、その限りにおいて、過去の日本の植民地支配に対する批判や怨念は、現在の日本の「帝国主義」的やりかたへの批判とほとんど二重写しになっている。

従って、北朝鮮人の対日観は、資本主義と共産主義との対立、そして、日米韓と北朝鮮との間の軍事的対立によって規定されており、目下のところ、そうした思想的、そして軍事的要因をこえた次元（例えば社会や文化面を含めた次元）で、北朝鮮の対日観をとりあげることは、さして意義あるものとは思われない。よって、ここでは、専ら、現代韓国における対日観を見ることとした。ただし、その場合、近代化に関する日本と韓国との歴史的違いの問題の重要性に鑑み、現代（昭和以降）のみならず、明治以降の近代の過程における朝鮮の対日観についても適宜含めて考えたい。

現代韓国の対日観の三つの柱

現代韓国の対日観の基本をなす柱としては、経済社会発展のモデルとしての日本、過去において植民地支配という形で韓国を侵略搾取した国（近代化という視点にたてば、いわば反面教師としての日本）、そして、それらを総合して、ともにアジアに属する隣国であり、中国あるいは西欧との関係で歴史的体験を相当程度共有する国同士であり、それだけに、自国の自己確認と自己確立のための触媒となる相手、という三つの柱があると考えられる。

モデルとしての日本

近代化のモデルとして日本を最も鮮明に描いた韓国人の一人は先にも言及した李光洙（イ・ガンス）であろう。彼の日本観を評して、韓国の知識人、池明観（チ・ミョンガン）は、ある意味で、真っ正直な日本観であるという。たとえば、池は、その例として、李が手紙のなかで、日本人の工業学校の生徒の姿と朝鮮の学生とをくらべ、日本人学生（貧家の子弟）が、正服正帽で風呂敷をかかえて将来の生業のための教育を受けようと喜んで学校に来集する姿と、川べりで遊んだり、雑談にあけくれている朝鮮人の若者の姿をことさら対比させていることに言及している。すなわち、李の対日観は彼の対朝鮮観と裏腹になっているということである。祖国の状況へのいらだちと憤激こそ、彼の対日観の根底にあるものだった。

この点を指摘しているのは池明観だけではない。「殴り殺される覚悟で書いた親日宣言」の著者趙英男（チョ・ヨンナム）もそうである、趙は、李光洙のみならず、日本を賛美した「マモル氏」（池東衡―チ・ドンヒョン―）の作品とあわせて、これらの人々の日本礼讃は、自らの国に対する憤怒から出ているとの趣旨を右の著書で次のように述べている。

日本人は女性であれ男性であれ韓国人とは違う。その違いを我らがマモル氏は死ぬ覚悟で命をかけて書いたのだ。彼が韓国は無法地帯だと嘆いたのは、日本が法治国家であることを湾曲に示すことでもある。――（中略）――（私は彼が）韓国の悪いところを直してがんばってもらいたいのだということもわかっている。彼のように苦言を呈してくれた人物は以前にもいた。自省しようという人物もいた。解放の前には、李光洙という先覚者が一九二二年に「民族改造論」というご大層な理論を引っさげて登場した。

反面教師としての日本

韓国の日本観のもう一つの柱である、「植民地支配を行い、韓国を搾取し、人権を蹂躙した国」という観点は、日韓双方において、侵略と反省の問題という観点からとらえられがちである。しかし、これを、日韓両国の近代化という観点から見ると、日本の植民地支配は、近代化の反面教師としての日本の姿の一部であるともいえる。

そもそも、先述した、明治の修交使一行が、鹿鳴館で、「西洋化」された日本女性の風俗と態度に接して、東洋の倫理に反すると批判した事は、日本の近代化の軽薄さを批判したものととらえることもできる。同じような、日本女性に対する批判は、一九九〇年代にも生じた。田麗玉（チョン・ヨオク）の「悲しい日本人」は、次のように現代の日本女性を批判しており、これは経済大国になった日本社会の軽薄さを批判しているという点で、鹿鳴館批判と相通ずる。

彼女らをとりこにしているルイ・ヴィトンのバッグ等はみながみな、同じスタイルだ。腰まで届く長い髪、体にぴったりくっつくボディコンラインのミニスカート、それにハイヒール。これらが日本の街で一日中目にする彼女たちの姿だ。――（中略）――誰が誰だか、区別できぬぐらいだ。服が違うだけで、装いはまるで同じなのだ。没個性なブランド化と言うべきか。

ここでは、あきらかに、近代的経済発展のモデルとしての日本を否定している。田麗玉の著書の題名が、原語を直訳すれば、「日本はない」となっていることは、このことを暗示している。

しかし、この著作の興味深い点はここで終わらない。この著者の対日批判は、この著書にやや先行して欧米で流行していた「日本異質論」、すなわち、日本は、経済発展を遂げ欧米なみの高所得国になったが、社会の特質は欧米と根本的に異なるという理論を基礎にしていることである。日本人の没個性、集団主義的傾向と言った形容は、「日本異質論」の主要題目でもあった。

まさに、韓国の知識人は、かつて中国の儒教思想を基礎にして対日批判をおこなったように、今や、欧米の個人主義思想を基礎にして対日批判を行っているのであった。

このように、現代の韓国の知識人の「日本論」は、欧米の「日本論」と重なる部分が多いが、それだけに、逆に、一部の人は、それに反論するかたちの日本論を展開する。たとえば、欧米人が伝統的に口にする「日本人の模倣癖」について、崔在羽（チェ・ジェウ）は、日本人自身ですら自分たちは真似がうまいといっているが、決してそんなことはないとして、次のように言っている。

日本人は彼らの伝統と固有の習俗の中で、外来文化を消化している。外来のものだからと無闇に排斥せず、ハクライ（舶来）のものだからと無我夢中になることもない。つまり模倣はしても、これを体質や気質に合わせて模倣し、さらに発展させ模倣ではないものにしてしまう。

こうした見方の存在は、韓国人の対日観の観察には、韓国人の欧米についての見方、そして韓国自身の「西洋化」についての考えと合わせて考えねばならないことを暗示している。

二面性を持つ日本

近代化のモデルでもあり、反面教師であった日本は、いわば二重性をもった日本という見方につながる。

この二面性は、個々の日本人の親切さや真面目さという側面と、社会的ヒステリーにも似た残虐性との併存としてとらえられることも稀ではない。例えば、関東大震災の際の、いわゆる朝鮮人虐殺事件について、咸錫憲（カン・ソクホン）の次のような論調がある。

普段はあれほど人情があり、明るい人たち。朝会うごとに『おはようございます。いいお天気ですね』と言う人たち。『旅は道連れ世は情け』と語る人たち。その言葉の端々に義理の人情を使う人たち。そういう人たちがあんな人たちだったとは知りませんでした。肩に掛け、振りかざした日本刀、研ぎ澄ました竹やり、憤怒に燃えたぎった目。泡まみれの歯。いったいこれらはどこから出てきたのだろうか。

こうした「二重性」は、今日でも、韓国人の対日観にやや違った形ではあるが顔を出している。例えば近年の世論調査（言論ＮＰＯによるもの）をみると、日本人は真面目で親切であるという見方が強い一方で、軍国主義的であり、警戒すべき相手であるという見方もまた強いのである。

こうした二重性は、角度をかえると、日本には、真の意味での自分自身がなく、日本文化の大半は外からの借り物にすぎないという見方につながってゆく。たとえば、李御寧（イ・オニョン）教授は、彼の書いた日本論「縮み指向の日本」の中で、次のように述べる。

率直にいって、世界に普遍化されている文化のうち、日本のオリジナルなものはきわめてまれです。昔は中国や韓国から、そして近代化以降は西欧からすべての文化を輸入したのが、日本文化の実情に他ならないからです。そうですから、その文化の表皮を一枚ずつ剥いでいくと、タマネギのように何も残りません。

こうした見方をとることによって、韓国人は、日本に対してある種の文化的優越感をもつことができる。そうした「優越感」は、先にも若干言及したように、韓国の知識人が現代の欧米の対日観を纏いつつ、同時に、中国文明を吸収してきた自己の歴史への誇りを維持することによって、支えられているといえよう。それが故に、こうした見方が、韓国の近代化が進むほど、逆にいつまでも残る背景があるといえよう。

そして、このような見方と誇りは、現代の韓国の知識人だけでなく、数百年前からのものだった。たとえば、一八世紀に通信使節団の一員として来日した中維翰は、日本は自分自身のことについての知識すら、朝鮮の文献に頼っているとして、「彼ら（日本人）は、自国の故事について曖昧である。これは、日本文献によっては、雪中の鴻の足跡の如く、数百年間の事も徴しえないからである」と述べているのである。

右の例に見られるような、文化的優越感は、その本質においては優越感というよりも、自己の文化的アイデンティティーの確認と確立のためのものと見ることができる。韓国と日本とでは、文化的に類似性も多いため、その違いに逆に敏感となることによって、自己の独自性を再確認する行為が行われるとみることができる。こうした、微妙な違いのうち、とりわけ注目すべきは、自然観の違いと倫理観の違いであろう。

自然観の違い

韓国人の日本論のなかで興味をひくものの一つに、日本人と韓国人の自然観の違いの問題がある。

つとに、申維翰は、次のように記述している。

　また古木があって、秀でているようによく茂っている。名は、木犀という。和人の言によれば、これは冬の候に、厳しい霜を受けて初めて花が咲く。その花は淡紫色、薄紫色で、桃にも似ており香りが値すべきだという。和人の風俗が奇怪を好み、天性植物もまた奇異なものが多い。

ここには、明かに、自然の植物に関する日本人の好みが、朝鮮人には奇怪に見えていることがうかがえる。

この点について、李御寧は、次のように述る。

　日本人は曲がりくねった非機能的な道、飛び石をつくって庭園をいろいろな視角から鑑賞するようにした。しかし、韓国人にすれば、日本の飛び石は、自然の美とは反対に人口的、画一的なものとして映る。自然に溶け込んで生きようとした韓国人の目には飛び石という人為的な道を付けたこと自体が不自然と映るのである。

李御寧は、また、ソウルの名園ピオン（秘苑）と桂離宮を比較して、韓国人の目には桂離宮は人工的に見え、またピオンは、日本人にはこれが庭園といえるのかという感想をいだかせるとの趣旨を述べている。
ここには、自然鑑賞のありかたについての日韓の違いが顔を出している。

道徳観、倫理観の違い

日本と韓国における社会的モラルの違いを、具体例に即して指摘している人の一人は、趙英男である。
趙は、ポルノ映画に出演する女優について、日韓の比較をおこない、次のように言う。

いわゆる韓国式成人映画というのは、単にセックス行為のまね事にすぎない。それも不自然だ。だが、日本の役者たちは違う。まねなんかできないのだ。最善を尽くして与えられた役割を誠実にこなす

――（中略）――

なぜ日本のポルノ女優たちはあんなにも本文を尽くすのか。

そういった問いを発して、趙英男は、その答えとして司馬遼太郎を引用し、それは「日本には宗教や哲学はない」からだというのである。
ここでは、日本では宗教、道徳観、倫理観が、社会的行動に反映されない、いいかえれば、日本人には強い倫理観や道徳観はない、とされている。ただし、趙はさらに突っ込んで、日本人においては匠へのこだわりがあり、それが一種の信念であり、モラルになっているという側面があると指摘する。すなわち、

日本人のいわゆる匠（たくみ）の心。どんなことに対してであれ、与えられた仕事を全うして、おいしいうどん屋やてんぷら屋ののれんを一〇〇年以上も代々守る職分の精神は何に由来するのか、分からない日本人の特質だ。

こうしたモラルへの執着のありかたについての違いとも関連して、日本人の「あっさり」精神に注目する見方もある。金両基（キム・ヤンギ）は、西郷隆盛の銅像を例にあげ、反乱軍の首領の銅像が建っているのは異常だが、これは、西郷の一生が日本人の性格である「あっさり精神」にあまりにも適合しているからだとして、次のように述べる。

（西郷は）「アッサリ」精神で明治維新を成功させ（特に勝海舟との談判で）自己の主張が貫徹できないとあっさり下野し、反乱が失敗するとあっさり腹切りをし、それで政府側もあっさり罪をゆるし、その間の功を称えて銅像を建てた、というわけである。

こうした日本人の特性を「あっさり」精神と呼ぶか否かは別として、特定の政治イデオロギーにいつまでもこだわらないことを日本人の特性と見る見方がここに滲み出ている。

源流意識

日本と韓国で文化的見方や感覚が異なることの裏には、逆説的ではあるが、両国の間で同文同種的要素や文化の類似性があるせいでもあるからであろう。ただその場合、文化、思想、東洋的学問の面で、朝鮮こそが、その源流であるという意識が、日本との関係で歴史的に強かったことは否定できない。「キムチとお新香」のなかで、金両基は次のように言う。

能面の基調となった伎楽面は、百済の僧、味摩之（ミマシ）によって、日本に伝えられたものであった。味摩之は聖徳太子の要望によって、奈良の桜井に日本で初めて歌舞伎棟を開いた。味摩之の招来した伎楽面が、現在法隆寺に数面保存されている。

李御寧も、次のように述べる。

韓国のことをよく知らず、その文化の影響を捨ててしまっている日本では、はしが日本伝来のものであるかのように言われ、甘えの構造が書かれ、タテ社会論が書かれています。タテ社会の構造でしばしば言及される、そのタテの序列意識を日本語の独特なものと考えている敬語法に求めたりする人もいますが、実際のところ、敬語の本家は韓国なんです。

韓国の対日観の一部にこうした源流あるいは本家意識が宿っていることは、長く儒教の正統な後継者を以て自ら認じてきた歴史とも関連しているが、先ほど言及したように、西欧文明の吸収の態様についての、日本との歴史的相違をぼかす心理も働いているとも考えられるのである。

注　この節（現代における韓国人の日本観）に引用した主要文献

「海游録」申維翰著、姜在彦訳、平凡社、一九七四
「明治初期における朝鮮修信使の日本見分」宋敏著、http://www.nichibun.ac.jp/graphicversion/dbase/forum/text/fn121.html
「韓国人と日本人：双対文化のプリズム」金容雲著、サイマル出版会、一九八三
「キムチとお新香」金両基著、河出書房新社、一九八七
「『縮み』志向の日本人」李御寧著、学生社、一九八二
「殴り殺される覚悟で書いた親日宣言」趙英男著、萩原恵美訳、ランダムハウス講談社、二〇〇五
「悲しい日本人」田麗玉著、金学分訳、たま出版、一九九四
「日本、その国の姿と人」雀在羽著、蒼洋社、一九八六
「T・K生の時代と『今』」池明観著、一葉社、二〇〇四

参考資料
朝鮮通信使一覧

年代	派遣者	接受者	正使 副使	本文で引用の紀行文
一四一三	太宗	足利義持	朴賁	
一四二九	世宗	足利義教	朴瑞生 李芸 金克桑	
一四三九	同右	同右	高得宗 尹仁甫 金礼蒙	
一四四三	同右	足利義勝	卞孝文 尹仁甫 申叔舟	申叔舟（シン・スクソン） 「海東諸国記」
一四六〇	同右	足利義政	宋処倹 李従実 李観	
一四七九	成宗	足利義尚	李亨元 李季仝 金許	
一五九〇	宣祖	豊臣秀吉	黄允吉 金誠一 許筬	金鶴峯（キム・ハクボン） 「海槎録」
一五九六	同右	同右	黄慎 朴弘長	黄慎（ホワン・シン） 「日本往還日記」
一六〇七	同右	徳川秀忠	呂祐吉 慶暹 丁好寛	慶暹（キョン・シアン） 「海槎録」
一六一七	光海君	同右	呉允謙 朴縡 李景稷	李石門（イ・ソクムン） 「扶桑録」

三宅英利「近世日朝関係史の研究」文研出版、昭和六一年を基に著者作成

年代	派遣者	接受者	正使 副使	本文で引用の紀行文
一六二四	仁祖	徳川家光	鄭岦 姜弘重 辛啓栄	
一六三六	同右	同右	任絖 金世濂 黄㦿	
一六四三	同右	同右	尹順之 趙絅 申濡	
一六五五	孝宗	徳川家綱	趙珩 兪瑒 南竜翼	
一六八二	粛宗	徳川綱吉	尹趾完 李彦綱 朴慶後	
一七一一	同右	徳川家宣	趙泰億 任守幹 李邦彦	
一七一九	同右	徳川吉宗	洪致中 黄璿 李明彦	申維翰（シン・ユハン） 「海游録」
一七四八	英祖	徳川家重	洪啓禧 南泰耆 曹命采	
一七六四	同右	徳川家治	趙曮 李仁培 金相翊	
一八一一	純宗	徳川家斉	金履喬 李勉求	

二　中国人の対日観と日中関係

中国人の日本旅行記や滞在記は、近代になってからのものを別とすると、著名なものはほとんどない。有名な「魏志倭人伝」以来、日本については、唐や宋の時代にも、日本伝なるものが伝わっているとはいっても、それらは、著者みずからの体験記録ではなく、朝鮮半島の人々の残したような「歴史的」見聞録は、見出し難い。

従って近現代のもの（一部を除き、第二次世界大戦までのもの）にかぎって、中国人の日本滞在記を考察してみると、どうしても、各人の、日本に来訪あるいは留学した「動機」が、それぞれの日本観に強く影響していることが分かる。

その場合、何といっても、その時々の中国社会に対する、中国の知識人の不満、憤激、改革意欲といった「動機」が、対日観の裏に強く感じられる。

さらに、特徴的なことは、日本の近代化を目の当たりにしつつも、「中国文明」の影響を強く受けてきた国としての日本を観察する結果、伝統的中国文化という眼鏡から日本を見る視点も色濃く出ていることである。

このことは、さらに、中国文明や西洋文明の「精神」と、日本の「精神」との対比という視点につながっていった。そして、そこから、いわゆる日本人の「気質」や社会的性格についての見方へと連動して行くのであった。

ここでは、日本に留学した中国の知識人のいわば代表格として、作家魯迅を個別にとりあげ、加えて、本章末にあげた人物の残した記録及び数人の中国人の印象記を編集した書物を中心に、中国人の対日観を考え、さらに、それが持つ日中関係上の意味合いについて考えてみた。

魯迅と日本　──魯迅の作品を通じてみる中国人の日本観──

近代中国の文学界を代表する作家魯迅は、一九〇二年、日露戦争の直前に留学生として来日し、仙台医学専門学校で二年間ほど学生生活を送った。

その魯迅の小説に現れた日本の姿や日本人観についてみると、第一に、日本は変わりつつあり、中国とは二重の意味で異なった国である、という見方が特徴的である。

変わりつつある日本と変わらぬ中国

魯迅の訪日の第一印象は、それまで聞かされていた日本と違う日本を発見しての戸惑いであった。その戸惑いは、中国を出発する直前、魯迅と数名の同僚が日本へ留学するために必要なものは何かを先輩に尋ねたことから始まる。先輩は、日本のタビは中国人にはとても履けないから、中国の靴下を沢山もってゆけと言い、また、お金はお札ではなく銀貨にしてもってゆけと言った。ところが、いざ日本に着いてみると、制服を着て革靴を履くので、もともと日本のタビなどを履く機会はなく、また、円銀貨はかなり前に廃止されており、日常では使えないことが分かったのだ。

このエピソードは、当時の中国知識人の日本についての知識が時代遅れであったことを暗示している。

そして、ここでは、日本のタビは伝統的日本を意味しており、そのタビを日常履かないことは、今や日本は近代化しつつあって、古い伝統を変えつつあることを示唆している。

ここには、日中間の二重の「違い」が顔を出している。すなわち、一つには、伝統的日本は伝統的中国とは違うということ。そして第二に、近代化した日本は、古い日本と違い、また今の中国とも違う、ということである。とりわけ、魯迅は、日本が変わりつつあるのに、中国は依然、旧習に捕らわれていると強く感じていた。魯迅は、例えば、日本に在住してしばらく後、中国人の友人を横浜に迎えに行くと、税関の検査で、友人の荷物から、纏足の靴が一足転がり出て、税官吏が面白がってそれをながめ回していた光景を、いつまでも苦々しく思い出すのだった。また、魯迅は、中国の「読書人」の一群が日本にきて、汽車のなかで、席をお互いに譲り合って時間を費やしているうちに、汽車が発車し、数人が倒れるという光景を目の当たりに見て、汽車の座席にも「尊卑の別を立てよう」とする古い考え方だと思って「むかむかした」と記している（「范愛農」選集第二巻）。

ここでも、魯迅は、近代化しつつある日本と旧弊にしがみついている中国とを対比し、「古い」中国に反発している。そして、日本は近代化しつつあり、今や日本は、伝統的日本とも違い、また中国とも違うのだということが暗示されている。

このように魯迅は、近代化した日本と依然として伝統にしがみついている中国とを常に対比しており、いわば、彼の対日観は、祖国中国に対する彼の見方と表裏一体の関係になっていたといえる。

先入観の投影

魯迅は、同時に、人々の日本観や中国観が、現実に即したものというより、実は、既成の固定観念あるいは先入観によってきめられる危険があることを、子供の写真を例にとって、描き出している。

「子どもの写真から」（選集第十一巻）という小編のなかで、中国の子供と日本の子供とは、写真を見ると違う。「おとなしくて、あまり喋ったり笑ったりせず、あまり動き回らないのが中国の子どもだ。それに対して健康・活発で人見知りせず、大声でわめいたり、跳ね回ったりするのが日本の子どもだ」――それが普通だという。ところが、日本人の写真館で中国人の子供の写真を取ると、まるでその子供は日本人の子供のようにみえるが、他方、中国人の写真館で撮った写真では、中国人の子供は、服装は同じようなものを着ていても、いかにも澄ましこんで、おとなしそうな顔付きになっているというのだ。

この違いについて、魯迅は次のように解説する。すなわち「この違いの大きな原因は、写真師にある。彼が指定して立ったり座ったりする姿勢からして、既に両国の写真師に違いがあるのだが、位置が定まると彼は目を張って機械を覗き込み、彼がもっともよいと思った瞬間の容貌を映すのである」と。つまり、日本人の写真屋は、子供は活発でほがらかであるのがよいと思っているからそうした態度の瞬間を撮影する、ところが、中国人の写真屋は、子供はおとなしく、おっとりしているのがよいと思っているので、そういう姿勢なり態度の状態を撮影するからだ、といった見方である。ここでは、日中お互いの中国観や日本観が、先入観なり特定の価値観によって、実態が歪められて見られてしまう危険が示唆されている。

強国日本の強さと弱さ

日本についての魯迅の見方は、故国中国への見方と連動していたが、それだけに、魯迅は力が衰えつつある中国との対比で、日本の軍事的強さを一層感じたとみられる。

このことは、魯迅の日本留学中の有名なエピソードに現れている。

魯迅は、仙台留学中、学校で映画を見せられる。その映画には日露戦争の画像が出てきたが、その画像のなかには、中国人がロシアのスパイとされて日本軍によって手を縛られ、首を切られる場面があった。それを見て、魯迅は「愚鈍な国民は、たとえ体格がどんなに健全で、どんなに長生きしようとも、せいぜい無意味なみせしめの材料と、その見物人になるだけではないか」と思うのであった（自序、選集第一巻）。

この述懐は、表向きは、中国人の愚鈍さやそれに伴う、ある種のやるせなさを述べているが、そうしたことを嫌が上にも際立たせる存在が、軍事的に強力な日本であることが隠されている。

こうした日本の強さは、軍事面だけでなく、経済面でも感じられた。

魯迅は、対日経済断交について、「中国の産業がその機会に伸びると言う人があるが、これは自他ともに欺く考え方である」とのべ、日本製の糊の代用にと作り出した「不易糊」が「一瓶銅貨八枚で売る」のに「原価が十倍かかり、しかも品質はどうしても日本品に及ばなかった」と記している（『両地書第一集』選集第三巻）。

このように、魯迅は、日本を軍事的、経済的強国とみたと同時に、中国の伝統ともいえる「文は武に優る」という観点から、日本の理念や思想に懐疑を抱いていたと見られる。それは、魯迅が、胡適の説を引用するかたちで、次のように言っていることにも現れている（「霊魂を売る秘訣」選集第九巻）。

日本が中国を征服できる方法はただ一つしかない。すなわち懸崖に馬をとどめて、中国侵略を徹底的に停止し、逆に中国民族の心を征服するのである。

「鏡」としての日本

国の軍事力や経済力への魯迅の関心あるいは言及は、近代化に対する魯迅の思いの反映でもあった。その近代化の先達としての日本を魯迅はどう見ていたかを暗示する一文がある。

「私が藤野厳九郎というものでして・・・」

うしろの方で、数人、どっと笑うものがあった。つづいて彼は、解剖学の日本における発達の歴史を講義しはじめた。あの大小さまざまの書物は、最初から今日までの、この学問に関する著作であった。はじめのころの数冊は、唐本仕立てであった。中国の訳本の翻訳もあった。彼らの新しい医学の翻訳と研究とは、中国に較べて、決して早くはない。

（『藤野先生』選集第二巻）

この文章にあるように、西洋医学の翻訳は中国の方が日本より早かった、すなわち近代化への努力を始めたのは、日本よりむしろ中国が早かった位である、という見方が垣間見える。しかし、この文章の裏にひそむ魯迅の考えを見過ごしてはなるまい。すなわち、近代化の試み自体は、中国も決して日本に遅れをとったわけではないが、社会全体の近代化となると遅れているという認識である。ここでも、中国の現状に対する魯迅の見方が、彼の日本観を規定しているといえよう。いわば、魯迅にとって日本は、中国の良い面も遅れた面も、どちらをも映し出す鏡だったのだ。

このような「鏡」としての日本の意味がかくされている魯迅の作品に「宮芝居」がある。この作品のなかで、作者は、ある日本の書物のなかで、中国の芝居について言及してある部分を読み次のように述べている。

（この書物には）あらましこういうことが書いてあった。中国の芝居は、やたらに鳴物を入れ、やたらに声をはり上げ、やたらに跳ねまわるから、お客は頭がクラクラしてしまう。だから劇場向きではないが、もし野外の広い場所でやって、遠くから見たら、独特の趣きがあるだろう。これをよんだとき、私はこれこそ、わが意中にありながらついに思いつかなかった点を言い当ててくれたものだという気がした。

（『宮芝居』選集第一巻）

この文章は、中国の芝居は、宮中の広い空間とか野外広場で行われるとその真価を発揮するということを述べているが、そこに気がつく契機を与えてくれたのが日本だったことも示唆している。いいかえれば、日本は当時の中国社会の限界や遅れを映し出す鏡であると同時に、中国の伝統の良き部分をも改めて照らし出す鏡でもあったのだ。

藤野先生と高先生

いずれにしても中国の近代化と日本の近代化をくらべつつ、日本人論を展開した魯迅は、これまで、何遍も強調したように、常に祖国中国のありうべき姿を頭に浮かべながら日本をみていたといえる。そうした魯迅の姿勢とそれがゆきついたところを象徴している作品は、有名な「藤野先生」と、それと対をなす「高先生」であろう。前者は、仙台の医学校で、魯迅を教えてくれた藤野先生の使命感を描き、後者は、中国の教師高先生のいささか、生活に流され、使命感を失いつつある教師の姿を描いている。

高先生は、自分の頭の禿げと小さな傷痕を女学生の前で何とか隠そうと努めたり、中国の歴史教科書の編纂者が教師の立場を十分考えてくれていないと憤慨し、時として学校をやめたいと思い、夜は麻雀にふけったりしている。

一方藤野先生は、医学を教えること、そしてそれが中国でも花咲くことに、教師として、また、医学者として使命を強く感じている。

藤野先生は、近代化に使命感を持って突き進んでいる日本を象徴し、高先生は、疑念と懸念と日々の生活に流され、また旧習を捨て切れず、自らをいささか恥じ入りながらも覇気を欠いた当時の中国を象徴している。

ただ、ここで注意すべきは、高先生の覇気のなさや使命感の欠如は、彼個人の責任というより、中国社会全体の責任であるというトーンがこの作品の行間に流れていることである。そして、たしかに藤野先生は、尊敬に値する教師ではあるが、彼は「中国に纏足はあるか」と尋ねる人であり、中国社会の動向に興味や知識をもたない人物として描かれている。そこには、いかに善意ではあっても、所詮中国の苦難と苦しみを日本人は理解していないという叫びが隠されているのだった。

更に、こうした魯迅の叫びの背後には、伝統的「中国」に愛着する人々への不満、不信が秘められていた。従って、日本人が伝統的中国文化を称賛しそれに愛着をもつことについても、魯迅は、ある種のわだかまりを持っていたと考えられる。この点を明言したのは、魯迅の兄弟である周作人である。周作人は一部のいわゆる日本の中国通の伝統的中国文化への愛着を問題視し、「あの軽薄卑劣な態度はやめられるのならやめてもらいたい」と言っていたとされているのである。

日本が脱亜入欧をすすめる上で、みずからの伝統に関連して幾多の苦難を経験したように、中国の知識人も、脱「中国」を進める上で苦難をかかえていた。この双方の接点を、魯迅はその対日観を形成する過程で、本能的に探し求めていたのかもしれない。

近代における中国人の日本観察

近代における中国人の来日者の多くは、広い意味で、日本の近代化を見聞する目的をもった人々がほとんどであった。いいかえれば、その時々の中国社会の在り方への不満、憤激、改革意欲が根底にあった。そのことは、日本社会を中国社会のありかたと比較することを意味していたが、それは、かなりの場合、「見たいものを見る」あるいは「見たいように見る」態度につながりかねない要素をもっていた。この点を、魯迅は、少年の写真を写す写真師のエピソードという形で語っていたことは、先述した通りである。

「見たいものを見る」あるいは「見たいように見る」という態度は、日中戦争が泥沼化する前までの時代について見れば、中国近代化の促進剤になり得るような日本社会の特徴に、対日関心が当てられる傾向にあったことを暗示している。

清潔さと社会秩序

近代化した社会の特徴の一つは、社会的秩序、規律、整頓と清潔、そして愛国心であった。

日比谷の交差点での、交通整理を観察した陶晶孫は、「まったくすばらしい。交通巡査は真中にコンダクターのように突っ立ている。ピリピリと鳴るとみな歩き出す」と、その様子に感じ入って「飽かず眺めた」程だった。

黄尊三も、日本の「兵士は規律正し」く、衆議院の「秩序はすこぶる整然として」いると言っている。

そしてこうした規律や秩序は、（中国人の見方では）日本人の清潔好きとも連動していた。だからこそ、「日本民族は清潔整頓を好む民族であり、彼らの生活は一般に規律正しい」（載李陶）と言う見方になった。

こうした日本人の清潔好きや規律順守の背後にあるものとして、社会教育に目をむける者もいた。例えば周恩来である。周はその在日日記で、日比谷公園を散策したときの感想を次のように記している。

もっとも感動したのは、一群の男女の学生が、群をなしていっしょにやって来て、読書する者は読書し、散策する者は散策し、スポーツをする者はスポーツをしていることである。なにをしているにせよ、かならず教育的な意味を含んでいる。

そして、こうした秩序や規律の裏側に、明治時代の中国の日本留学生たちは、日本人の愛国心を見た。とりわけ、日露戦争の講和の条件に反対して、日比谷公園で開かれた民衆の決起大会は、中国人に深い印象を与えた。黄尊三は、この光景を見て「日本国民の気風は、本当に侮るわけにはいかぬ。感極まり、恥しさ、この上なし」と言い。また、同じくこの事件を見聞した景梅九は、「私は以上の状態（日比谷での出来事）を新米の留学生に話し、日本国民の意気をほめ、中国はとうていおよばない、どうして太刀打ちできようといった」と述べている。

前近代の影

近代化しつつある日本を支える社会的背景に敏感であった中国の知識人は、同時に、日本社会の底に残存する前近代の影にも敏感であった。それは、まさに、祖国中国が、前近代のしがらみにまとわりつかれていたからでもあった。

日本の愛国心の裏には、日本の国土が、異民族に侵略されたことがほとんどないという歴史が隠れており、そこに日本人の強い郷土精神、愛国心が生まれる——そう言ったのは、魯迅の兄で、日本通の周作人であった。

そして、周作人は、数度の訪日で日本に対する理解を深め、明治の近代化の背後にある強国「思想」を憂慮するようになっていった。


思うに明治の維新は日本にとって一利一害というものであった。利はおかげで戦に勝ち強国にのし上がったことだが、一方でこの強国の教育が間違った思想を養成して何かと傍迷惑の種になり、自身にも害をなしているのである。これは紛れようのない道理であって、近来各方面に起こっている一連の運動は、他ならぬこの害を免れようとするものだ。


また、日本大学に留学し、後に黄埔軍官学校の政治部主任となった載李陶は、武士道をもって、「封建時代においては、家系保存のために努力するという残酷な事実と、奮闘の神秘的精神が——（略）——最も賛美され」たことから強調された精神であるとして、これを基本的に封建遺制とみなし、明治の近代化精神とは本来相いれないものとし、また、周作人も、「忠君愛国」を封建遺制の一つとみなした。

このように、彼らは日本の近代化の背後にひそむものを、明治の日本国家のありかた、そしてそこに残存する封建的思想としてとらえたのであった。

これら全ての、いわば結語として、周作人は、日本人の愛国心こそが軍国的欲望につながり、また、日本人が「自国に対して抱く優越感」にも結び付いてゆくとのべているのである。

軍国主義的日本

規律、愛国心、そして前近代的風習の残存――こうした言葉で特徴づけられる日本人の社会的性格は、やはり、軍国主義的日本という日本観につながってゆくのであった。しかし、そうした対日観は、決して、一九三〇年代の日中戦争時代に始まったものではない。早くも、明治時代からそうした見方が生じている。たとえば、清国からの留学生（黄尊三）の日本滞在記にそうした記述が既にみられる。

八時、登校教師が演説して、「伊藤公の死は日本帝国に一大不幸である。しかしながら、諸君は公が死んだからといって、気を落としてはいけない。――（中略）――伊藤公の志をおのれの志とするならば、伊藤公は死んでも、日本の国力の発展は、公の生存した時よりもはるかにまさるであろう」と言った。僕はこれを聞いて、ひどく腹が立った。日本人の侵略主義は、深く人々の心に染み込んでいることが分かる。

ここで、この日記を書いた中国人が、何ゆえそれほど憤慨の気持ちを抱いたのか。それは、この教師が、伊藤博文の死を悼むだけで、なぜ彼が暗殺されたのか、この事件の背後にあるものはなにか、について全く思いをいたしていないことに憤慨しているのであり、そこに、日本人の侵略心を垣間見ているからにほかならない。

また、黄尊三は、別の所で、日本とロシアを比較して、次のように言う。

ロシアも確かに中国を侵略した。そういう意味では日本と同じだ。しかし、ロシアの侵略は限度があり、そうおおっぴらではない。日本はおおっぴらで遠慮がない。

日本軍国主義批判の深層

中国の知識人が、日本の近代化の中に中国が学ぶべき精神をくみとったと同時に、そこに、国家主義と封建遺制をかぎとったことは、中国自身が、まさに、国家主義を育成し、封建的制度、習慣を払拭せねばならなかったからであった。

このことは、いいかえれば、日本の近代化とやがて来るべき中国の近代化が、両国の国家主義の衝突という形に発展する可能性をおぼろげながらも中国人が早くから感知していたことを物語るものである。

そしてまたこうした認識は日本の国家主義と封建遺制が、つまるところ、軍国主義に結晶し、それこそが日本近代化の精神であるとの見方につながっていくのであった。そこには、日本の近代化の精神に対する、中国特有の見方があったといわざるをえない。そして、その見方があるからこそ、中国人は、えてして、第二次世界大戦後、平和国家、民主国家として生まれ変わった日本の背後に依然として軍国主義の影を見るのである。言いかえれば、日本の近代化の精神は、根底において富国強兵であり、またそれが、日本の中国への侵略の基礎をなしていたという見方を捨てきれないのである。だからこそ、第二次大戦直後というよりも、むしろ、日本が経済大国化する道をたどるほど、日本の軍国主義的体質に対する警戒心がかえって頭をもたげることになったのである。その背後には、もとより中国が未だに民主主義国家ではないことも大きく影響しているが、同時に日本の「大国化」の背後に明治時代以来のある「精神」が息づいており、それは軍国主義と紙一重であるとの意識が潜んでいるからである。

いいかえれば、中国人の日本軍国主義批判の裏には、日本の近代化の精神に対する疑念があるといえる。

さらに言えば、そのまた背後には中国自身の「現代化」の精神において、富国強兵を超えたいかなる理念が存在するかについての漠たる不安が横たわっているともいえよう。

以上を総合してみると、中国人の対日観が、とかく日本人の（政治的な意味での）国民性論に陥りやすい理由もわかってくるのである。

日本人の「形重視」と料簡の狭さ

日本を軍国主義的と見る見方は、単に、日中戦争だけでなく、そもそも日本の近代化精神と連動していたが、同時に、日本人の規律を守る態度や愛国心についての見方とも連動し、さらに、また、日本人の一途さ、形式を重んじる傾向についての見方ともつながっていた。

そして、そうした一種の国民性論の一環として、日本人はきちんとした「形」を重んずるという見方につながって行った。

昭和四〇年代に発行された、蒋君輝の「扶桑七〇年の夢」のなかに次のような下りがある。

日本では、形ということが非常に重んじられる。言葉、動作、声、笑いなどについて日本人独特の日本の形があって、どこに行って誰に会っても日本人特有の形があって、崩れることがない。例えば、仮に百人の日本人がいて、みんなそれぞれ風呂敷の包みを持っているとすれば風呂敷の結び方はきっとみんな同じである。これは、秩序、法律を重んじる日本人の性質がでているのだ。

医者であり、文学者であった陶晶孫も、中国人はコスモポリタンだが、日本人は、どうしても日本の

「形」にこだわる。規律もあるが故に、どこまでたっても日本人らしさが残ると述べ「国粋が抜けない」という表現を使っている。

そして、どこへ行っても形にこだわるというのは融通がきかない、料簡が狭いという見方につながる。例えば、周恩来は、その日記のなかで、次のような、個人的体験を記している。

すなわち、ある日、周の下宿先で、女中がふいに部屋代を要求したが、持ち合わせがなかったので、数日待ってくれるように頼んだが取り合ってくれず、下宿の女将まで出て来て催促されたが、日本語で十分事情を説明できないまま外出し、お金を工面してその晩支払った。すると、翌日女将は、手の裏をかえしたように、周に前日の催促を詫びるような態度を示した。このことのあった後の記述で、周は、日本人は料簡が狭いと述べている。（知識人の羅牧も、その日本人論の中で同様の見方をしている）

このように、形に拘ったり、期日にあまりに拘ることは、時として、中国人には心の狭さと見られることが暗示されている。

模倣する日本

「形」への拘りに加えて、中国人の日本観で顕著に見られる一側面は、模倣する日本という見方である。たとえば先述した黄尊三は、「日本人は頭脳が簡単で、暮らし方は質朴である。近頃は何事もドイツの真似をしている。政治から家事に至るまでドイツを唯一の標準にしている。日本人は模倣性に富むというのも言い過ぎではない」と言う。また、戴季陶も、その「日本論」のなかで、「見過ごしてならないのは、日本文明の建設が、民族としてまだ未開の部落時代に、統一と発展に目覚ましかった中国の盛唐の時代の文化を、人為的に強引に模倣することによって成し遂げられたという事実である」という。

このように、日本人の模倣性に言及する際、中国人は、えてして、西欧文化の模倣のみならず、中国文化の模倣を強調しがちである。しかも、それだけにとどまらず、こうした模倣論は、日本文化の本質に関する見方にまで発展する。たとえば、載李陶は、次のように言う。

日本の文明とは一体どのようなものか。日本の学者たちは非常に多くのこじつけや粉飾を行っているのだが、日本の史書から、中国、インド、欧米の文化を全て取り去ってしまったらどうなるだろうか。裸にされたところに残る日本固有の本質なるものは、南洋の蛮人と大差ないものと考えられる。

ここには、日本の近代化は、西欧の真似であり、そうした努力は、かつて、日本が行った中国文明の模倣と合い通ずると言う見方が提示されているといえる。

このような見方は、かなり一般化しているが、なかには、日本の中国からの「模倣」が選択的であり、そこに日本固有の精神が垣間見られるという見方もある。例えば、周作人は、日本は中国を模倣したというが、唐朝の宦官の風習、宋朝の纏足、明朝の科挙制度、清朝の阿片吸引の風習などを取り入れていないことを上げ、日本の「模倣」は選択的で巧いと評している。

中国源流論の余波

日本の近代化と関係して、日本の模倣が問題視され、それとの関連で、中国人の対日観の特徴の一つとも言える「日本文化の源流が中国にある」という見方、いわゆる中国源流論を考えねばならない。

この点は、単に、日本が中国文化を吸収したという意味だけでなく、そもそも、今日、日本文化の中心的要素となっているものも、その源流は中国であるとする見方となって表れている。

今いう和服は実は昔の「小袖」のことで、袖は本来小さくて下がまるかったのであるが、今のはまるで袋か何かのように大きくて、ハンカチや懐紙を入れることかでき、ちょうど中国の和尚が着るのに似ている。——（中略）——日本の衣裳の制はおおよそ中国に依拠し、漸次変革を遂げて今日のようになったわけで（ある）。

（周作人）

同じような論点は、別の中国の知識人によってもなされている。

生活習慣の面でも、日本のいろいろな習俗は、古代中国と相似している。普通の日本人家庭ではみなはきものを脱いで家に上がり、たたみに座るが、これは古代中国の漢民族の習慣と同じなのだ。日本人が着ている和服は、上着下着、男物女物を問わず、当時、下穿きというものをつけていなかったが、古代漢民族もそうだった。

（張友漁『一九三〇年代の留学生活』「わが青春の日本」所収）

こうした文章が象徴しているように、多くの中国の観察者は、日本文化の中心的要素も中国古代にその源流が存在するもので、しかも、その伝統は中国ではすでに消失しているとの見方をとっている。この点をはっきり明言する者もいる。

日本の多くのところで中国と同じような習慣を見ることができた。たとえば、端午の節句、中国ではちまきを食べるならわしだが、日本人も食べていた。中秋節、われわれが月餅を食べるように、日本人は「団子」を食べていた。風俗習慣によっては、中国ではすでに失われたもので、日本の庶民のあいだにうけつがれているものもあった。

（前掲「わが青春の日本」所収の『昆虫学考』より）

風俗習慣ばかりではない。日本文化の粋とも考えられている能楽についても、次のような「解説」をつける中国の知識人がいる。

この「能楽」は日本では一種別格の芸術となっているが、中国にとっては一層意義深いものだ。なぜなら、これは元曲（元代の雑劇）以前の演劇であって、中国ではつとに消滅してしまったが、海外に保存されているのだ、というように推測してみることができるから。

（周作人）

こうした中国人の源流意識は、ある程度事実に即した面もあるが、同時に、そうした意識が、日本の近代化の矛盾ないし欠陥と関連づけられている点に注目する必要がある。たとえば、第二次大戦前の日本についてであるが、天皇を神格化する思想は、中国に源流があるが、中国では既にそうした思想はとうに捨て去られている、といった見方が次のような形で披瀝されている。

中国は孔子の時代に、伝説についての迷信は崩れ去り、それによって君主神権の思想も崩れ去り、平民思想が盛んになって来た。日本は現代になっても、まだ完全には君主神権の迷信から脱却していない。――（中略）――日本の固有の思想は実に幼稚と言わざるを得ない。

（載李陶）

また、同じ著者は、江戸時代の日本の社会制度について「農民は土地の所有権を持たず、すべての土地は藩主のものであった。また、農民は『姓』も持たず、帯刀することもできなかった。こうした現象は、中国三千年前の程度と同じ」と断じている。

このように、ややもすると、中国の知識人は、日本に残る「古い中国の遺産」を、中国がとうの昔に既に捨て去った古き悪弊であるとみなすのであった。

こうした傾向の背後には、日本の中国文化の吸収はきわめて選択的であり、またその上に日本独自の文明が築かれてきた過程が無視ないし軽視されるという性向がかくれている。その結果、長い間、中国から見れば日本は、中国の亜流か、さもなければ中途半端に西洋化した存在にすぎないものであった。

このような見方は、単に中国人のみならず、少なからぬ日本人の見方でもあった。日本の近代化を「脱亜入欧」とする見方において、「亜」なるものか、果たして日本的なものであったのか、それとも、儒教はじめ中国的なものであったのか、あるいはまた、それらすべてを含んだ、単に「古い」体質であったのかについては、日本人の中国観のみならず、中国人の日本観とも関連する問題であるといえよう。なぜなら、江戸時代において、既に日本は、政治的、経済的に中国的秩序から離脱しており、文化的交流も薄かったのであり、日本に残存する「中国の遺産」なるものは、既に江戸時代において半ば化石化されていたと見ることができるからである。

他方、もし、脱亜入欧は脱中国であったとみなすのであれば、日本の対中侮蔑や中国侵略の合理化は、日本の近代化そのものに内包されていたことになる。この点を、周作人は、次のように語っている。

日本にとって漢文化の圧迫は事実あまりにも重苦しいので、明治維新が西洋文化を借用することによって成功した後、甲午之役（日清戦争）の腕試しで中国を負かした結果、反漢文化の反動が徐々に進行し（た）。

公理や思想の欠如

中国「古来」の思想の影を日本に見いだそうとした中国人はそれだけに、日本の近代化の過程における、無思想、無理念を批判した。

「日本の古い劇を見ると十中の九は戦争流血のことであるのによっても、そのことが分かる。日本人は頭脳が簡単で、暮らし方は素朴である。」――そういったのは黄尊三である。

このように、日本を軍国主義的と見る見方は、決していわゆる日中戦争の前後から生じたものではなく、遠く明治時代からの中国人の日本観であった。現に、二〇世紀の初頭に日本に留学した載李陶は、朱子学、陽明学、いずれにおいても、正統な儒学の伝統は、武道主義とは合い入れないものであると述べ、さらに次のように言っている。

　このような思想と歴史的系譜から見ると、日本の武力主義が、中国思想やインド思想から生じたものではなく、純粋に日本の神権の迷信から生じたものであることが理解される。

そして、周恩来は、その日記のなかで、日本は軍国主義を実行している国であると言い、「軍国主義の第一の条件は『強権があって、公理がない』ことである」とのべている。

このように、中国人が、日本に公理がないことを強調していたことは、日本の軍国主義の背後に、人類に普遍的な道義や公理に基づく考え方がない、いいかえれば、まさに、軍事的力そのものの信奉に陥っていることを指摘したものであった。

ここには、中国における儒教特有の文治主義の伝統もはたらいていると考えられる。そして、普遍的公理を持たない日本は、西欧の「普遍性」と日本の固有性の間にはさまって、すこしでも、日本の特性を普遍化しようとして、大東亜共栄圏などといった「思想」をもちだしたといってもよいであろう。また、ここに、自己の思想の「普遍化」に慣れている中国と、みずからの固有性のなかに入りこみやすい日本との溝が存在するといえよう。

アジアの中の日本と中国

最後に、中国人の対日観に関連して重要な点の一つとして、中国人が、同じアジアの国ないしアジア人として日本、日本人を見ていたかどうかの観点がある。これは、日中関係が、いわゆる同文同種の関係にあるという見方とも関係する点である。

日中国交正常化以前の段階で、両国の外交関係がなく、いわば敵対的な状況が続いていた時代においては、逆に、日中友好を唱える人々の間に、「同文同種」といったことを強調する向きも稀ではなかった。しかし、中国が本格的に「現代化」路線をとり、中国が急速に「西洋化」あるいはアメリカ化してゆく過程で(日本社会自体のアメリカ化も手伝って)いわゆる漢字文化あるいは儒教文化を共有する国としての日中関係という見方は、急速に(すくなくとも表面では)消えつつある。

けれども、東アジア共同体をはじめとして、日中間に将来何らかの「共同体」的組織や概念を進めようとするのであれば、歴史的、文化的に、中国人が、これまで、アジアのなかの日中関係という概念について、あるいは、アジア人意識について（特に日本と中国の近代化との関連で）どのような見方をして来たかが問われねばなるまい。

日中両国の「同文同種」的関係を強調することについては、たとえば、魯迅はこれを忌み嫌った。魯迅のそうした立場は、微妙な形ではあるが、次の文章にも表れている。

万葉集には支那から行った言葉が随分あるでせう。しかしその為に漢文を勉強すると云ふ事には私はどうも賛成出来ません。万葉集の詩人は漢文を使はせておかしてもよいが今の日本の詩人は今の日本語を使ふべしだ。そうでなければ何時までも個人の掌から出る事が出来ない。（魯迅選集第十三巻）

魯迅は、また、長谷川如是閑が、（大意）次のようにいっていることを、批判的トーンで紹介している。

はじめて中国人を見ると、どうも日本人や西洋人にくらべて、何かその顔に少し足りないものがあるような気がする。そのうちにだんだん見なれてくると、これでもう十分で、何も足りないものはないと思うようになり、逆に西洋人などの顔に何か余計なものがあるように思う、と（長谷川氏は）いうのだ。――（中略）――中国人をほめ、西洋人をけなすことによって、日本人を風刺しようという長谷川氏の目的はこのようにして達せられたのである。

こうした魯迅の見方の根底にある感情は、「古い中国」を良いものととらえて、日本と中国との共通点をそこに見い出そうとする見方は、中国の近代化にとって迷惑な考え方だというものである。いいかえれば、日本の近代化のなかでの矛盾あるいは伝統への懐旧の感情を、中国文化への親近感によって埋め合わせようとすることへの反発がある。魯迅が、一時、漢字廃止論まで唱えたことを想起すれば、中国の近代化も、同じく「脱亜入欧」でなければならなかったのである。

他方、日中関係が緊張し、軍事衝突が起こるようになった一九三〇年代において、むしろ、日本と中国は、共に、文明的あるいは文化的に見れば、西洋文明の圧力に抗しきれずにおり、このままでは、「アジア」は淘汰されてしまうとして、日中両国の知識人に「東洋人の悲哀」を訴える者もいた。魯迅の兄弟、周作人である。

中国と日本は今でこそ敵国同士の立場にあるものの、目前の関係を離れて永久的な性質を問うならば、双方とも生まれつき西洋とは運命も環境もはるかに異なる東洋人である。日本のファシズム中毒患者たちが自国民の幸福が西洋にまさるかあるいは少なくとも同等だと思い、まだアジアを併合しえていない点だけを引け目に感じている一方で、「物云へば唇寒き」悲哀を感じている。これこそは東洋人の悲哀というものである。

そして、周作人は、日本と中国は、畢竟同じアジア人であって、究極の運命は一致していると主張するのだった。

このように、一九三〇年代、（あるいは先にのべたように）日中両国が政治的軍事的に激しい対立関係にあった一九五〇、六〇年代において、こうした、日中の文化的共通意識が強調されたことは、「東アジア」の共通意識が、積極的な意味としてよりも、むしろ、政治的、軍事的緊張をやわらげるための「鎮痛薬」的役割を果たして来たことを物語っているといえよう。

その一方、（日本留学、大陸での活躍、台湾への渡航、そしてほとんど亡命に近い形での再度の日本居住を経験した）陶晶孫は、第二次大戦直後、米国の占領下にある日本を観察して、中国は日本に同情すると言い、日本はそんな同情はいらぬというかもしれないがそれでも同情すると言い、その理由を次のように述べる。

中国は現在の日本の状態を見て、それがみな自分の経験して来たことだからである。中国が半植民地状態にあったとき、自分の港には外国の軍艦がいた。自分の町の郊外には外国の兵隊が隠されていた――（中略）――即ち、昔中国にあったものは今日本にみなある。

こうした歴史的経緯をたどってみると、中国人の対日観のなかにアジア人意識が比較的強く出てくるときは、日本自身が、かつての中国のように、政治的軍事的にか、あるいは文化的に、国際的な圧迫や屈辱を受けたことが、中国人の目にも明らかである場合といえる。いいかえれば、第三者の存在ないし「圧力」が、日中両国において同じように感じられるか否かが、アジア人意識の共有の程度に関連していると言えよう。

大国中国の対日観

近現代においては、ごく最近に至るまで、日本の方が、中国に比べ、軍事的、経済的に優位な立場にあり、かつ、国際的にも認められていた。

しかし、今や中国の台頭はめざましく、国際的にも大国の地位を確立しつつある現在、当然、中国の対日観も変貌しつつあり、また今後も変貌するであろう。

その場合、過去の中国の対日観と大きく違うところは、一つには社会の「近代化」との関連である。今や「改革と開放」路線によって「現代化」をほぼ達成しつつある中国は、近代化のモデルとして日本を見るという視点は薄らぎ、むしろ、近代化の歪みを日本はどう克服しようとしているかに注目するであろう。同時に、近代化の中でも失われなかった日本の伝統とその存続の意義に関心を持つであろう。

他方、戦略的には、日本の「軍国主義復活」いかんについての関心もさることながら、より実際的には日本と米国との同盟関係の態様に注意を払うであろう。従って、米中関係が緊張すれば、日中関係の安定をはかるという観点から日本を見る傾向が強まるであろう。さらに、中国は、中国的秩序を世界に広げようとするであろう。一帯一路構想はその一つの良い例と言える。その際、中国は、かつての日本の大東亜共栄圏構想にみられるような、「アジアの連帯」と言った考え方は、あまりとらないであろう。いいかえれば、中国はあくまで中国であって、アジアの一国という点を国際社会へ押し出すことはほとんど行わないであろう。その過程において、中国人一般はともかく、知識人のなかには日本を欧米と同じ範疇にいれて国際社会を考える者も多いとみられる。そうした傾向は、日本人のなかにも、いわゆる現代文化の潮流――ポップス、モダンアート、近代スポーツ、ネット文化など――に乗って中国との交流を考える人々が増えている傾向とあいまって、日中相互に対する見方が、「日本」や「中国」の伝統を離れたところで活性化することは充分考えられる。そして、その場合、両国の国内政治が、依然として「過去」にひきずられる場合、政治外交的次元と、文化的次元では異なる潮流が、日中間に生じる可能性があろう。

他方、中国の台頭と国際的地位の向上は、中国において、自己のアイデンティティーを新たに確立せんとする社会的、政治的動きを加速することにもなろう。その過程で、中国が、儒教文化、道教文化、あるいは中国の伝統芸能、生活文化を国際的に「中国文化」として宣伝するかいなかは、共産主義体制の今後ともからみ、中国の日本観にも大きく影響しよう。なぜならば、世界で、伝統的中国文化を今なお体現しているのは、漢字の日常的使用に象徴されているように、日本だからである。

注　この節（近代における中国人の日本観察）に引用した主要文献

「戴李陶の対日観と中国革命」嵯峨隆著、東方書店、二〇〇三
「日本談義集」周作人著、木山英雄訳、平凡社、二〇〇二
「清国人日本留学日」黄尊三著、さねとうけいしゅう訳、東方書店、一九八六
「留日日記」景梅九著、波多野太郎ほか訳、平凡社、一九六六
「日本への遺言」陶晶孫著、福島正和訳、東方書店、一九九五
「周恩来一九歳の東京日記」周恩来著、鈴木博訳、小学館、一九九九
「支那人の見た日本人」信濃憂人訳編、青年書房、昭和十五年
「わが青春の日本―中国知識人の日本回想」人民中国雑誌社編、東方書店、一九八二
「扶桑七十年の夢」蒋君輝著、紀伊国屋書店、昭和四九年

三　東南アジア文学のなかの日本

東南アジアと一口に言っても、地理的、歴史的な違いは勿論、言語、文化、宗教などいろいろな面での違いが顕著であることは、言うまでもないところであるが、外交、あるいは国際政治の次元で見ると、日本とのつながりの態様やアセアンの存在、さらには、かつての大東亜共栄圏構想など、東南アジアを一つの政治圏として考えうることも否定できない。

そうした東南アジア諸国の対日観を考察するために、ここでは、日本人が主役、あるいは、かなりの程度重要な役割で登場する小説に注目し、そこにおける日本あるいは日本人像を分析し、その今日的意味を考えてみたい。

便宜上（すなわち日本語への翻訳の有無などを勘案して）、東南アジア文学のうち、タイとインドネシアの小説で巻末のものを選択することとした。

突然やって来た「災い」

東南アジアの国民の「歴史的記憶」に長い間残って来た日本のイメージは、第二次大戦と結びついていた。第二次大戦は、東南アジアと日本との関係という観点から見ると、（日本自身においては）とかく、アジアを日本が侵略したという側面を一方とし、アジアを西欧の植民地支配から解放したという側面を一方とする、二つの極のいずれかの視点から語られる事が多い。

しかしながら、第二次大戦前後の時代を背景として描かれた、東南アジアの文学作品を読むと、そこにおける「日本」は、多くの東南アジアの国民にとっては、突然やってきた「災害」のようなものであったことが分かる。

西欧の植民地支配は、政治的自由の束縛や経済的搾取があったとはいえ、それなりの秩序と安定が保たれていた。植民地支配に反抗し、あるいはそれに大きな不満をもつ人々もいない訳ではなかったが、そこから利益を得るものもあれば、それに安住している者も多かった。

そこに突然やって来た日本軍。それは、まさに大地震や大洪水のようなものであった。

日本軍侵攻後の一週間、略奪がまかり行われた。町は、近郷近在の人々で溢れた。自分たちの土地で暴威をふるったオランダの最期を見届けようと押しかけたのだ。人々はただ見届けるだけではなく、商店や役所や学校の略奪もやってのけた。

（「諦め」五七頁）

同じような描写は、別の作品にも登場する。

太平洋戦争は日本軍を連れて来た。いや、もっと正確に言うなら、日本軍が戦争をアジアへもたらし、東南アジアや太平洋の島々にまで波及させたのだった。それは微生物によってではなく、ありあまるほどの文明の利器をもち、破壊のための科学を発達させた人類によって引き起こされたものであるために、破壊と滅亡をもたらすことにかけては、伝染病よりは強烈で、しかも迅速であった。

（「妖魔」八二頁）

日本軍の到来によって引き起こされた破壊は、既存秩序の破壊であり、一時的にせよ大きな混乱や略奪、物資の欠乏や生活費の高騰を招いた。

最近では、多くの人が一日一回しか食事をしていないそうだ。さらに事態を深刻にしているのは、決められた以上の籾を供出するように、という日本側の要求であることは間違いない。父は、収穫した籾の一部をわずかでも生活のたしに残したいと思っている農民たちを見て頭を悩ませている。ところが日本側は、逆にできるだけたくさんの籾を農民に要求している。そのため村長の父は、日本側からさまざまな圧迫を受けている。ときには憲兵隊による脅しすらもある、と言っていた。

（「戦争と愛（下）」四四頁）

右の文章は、日本軍の進出が、一般的な生活難や物資不足を生む結果となったのみならず、また、そうでなくとも日本軍への供出やその強制行為が行われ、日本軍の到来を大きな災いとみなす心理を増幅していったことを物語っている。

さらに、西欧植民地支配の崩壊と日本軍の到来という「混乱」の際に、あるいはその間の一時的空白時期に、略奪が起こった。「人々は、亡き蘭印政府の法律に復讐」する気持ちで、「日本軍侵攻後の一週間、略奪」行為に走ったのだった（「諦め」五七頁）。また、このことは、後に、スカルノ時代の終わりに共産党が蜂起したときに、インドネシア人の間で次のような言葉が交わされたほど、長く人々の脳裏に焼き付いていた。

赤軍の兵士たちは、毎日、町々をうろつき、住民に災厄をもたらした、金の鎖が召し上げられた、昔作っておいた着物を取られた、と住民は嘆いた。日本軍上陸の時の、その惨状がまた始まった、金持は財産ゆえに、おちおちしていられなかった。

（「諦め」インドネシア短編集八七頁）

非人道的日本

こうして、日本軍の到来は、略奪、強制、生活の混乱と結び付き、戦時における日本の現地における政治姿勢は、押し付け、強制、虐待といった非人道的要素を含み、それが現地の人々の憤慨を買った。

私たちの目の前で、日本人はちょっとしたインドネシア人の過ちに対してもすぐ殴り、虐待し、発砲したりします。

（「戦争と愛（上）」一〇四頁）

オランダの刑罰や流刑に比べて、日本のやることは、もっと残忍なものです

（同右一一三頁）

しかしこうした非人道的行為は、個人のレベルに止まらなかった。日本軍に反抗したものたちの親族や友人などの集団責任が問われ、それが現地の人々の心を一層かき乱した。

「日本人と働くのは難しいからね」ハジ・ウスマンは付け加えて言った。「誰か一人が間違うと、みんなやられてしまう。前にはここで毎日ロームシャが死んでいった。だから、クリウオンにチャンスがあるんだったら、そりゃ、逃げることだね。死にたくないんだったら」

（「そして戦争は終わった」九八頁）

性的不能に陥った男の象徴するもの

日本軍の到来が巻き起こした混乱と苦悩は、日本軍の進軍が迅速であり、事態の変化が急速であっただけに一層人々を混乱させた。

「日本の陸海軍の急速な南進によって、蘭印政庁もインドネシア人も極度の恐慌状態に陥っていた。蘭印は突如戦争状態に突入した」——そう「戦争と愛」には書かれている。

そして、急激なショック——すなわち、混乱、強制、虐待、集団責任の追求、旧秩序の破壊と急速な変化——に巻き込まれたある夫婦の物語として、「そして戦争は終わった」には次のような状況が語られている。

夫のアルミンは、日本軍の訓練と講習に参加するため、家族を離れて出発し、数ヶ月後、久しぶりに家族の下に帰って来た。妻のサテイアは、丁度子供が生まれたばかりで、夫の帰りを待ちわびていた。

一〇月末、短期講習が終わって、やっとアルミンはムルシ（家族の住む場所）に戻ってきた。痩せ細り、顔色は青く、何か怨念のようなものが心に沈んでいるようだった。

その夜、不幸が始まった。サテイアは夫に身を任せ、激しく愛されたいと願った。二人は裸だった。サテイアはじっと待った。が、夫が愛してくれる気配はなかった。もうできなくなっていた。

ここで、アルミンが性的不能に陥ってしまっていることは、何を意味しているのか。

それは古い秩序の崩壊と日本軍の新しいやりかたの強制によって、今までの生活様式が全く崩れてしまい、その結果人々がいってみれば途方に暮れ、自己を喪失してしまっている状態を象徴的に表している。すなわち、日本は、戦争の背後にある力であり、インドネシアの旧秩序を破壊したものであり、それによって多くのインドネシア人が途方に暮れる状態、ある意味では自己喪失に陥った、その原因が日本であったとされているのである。ここにおいては、日本という国家の姿は、必ずしもインドネシアをオランダの植民地から解放した勢力であるとか、あるいは逆にインドネシアを侵略した勢力であるとかという形で意識されているというよりも、旧秩序の破壊者であり、その結果としてインドネシアがいままでの拠り所を失った原因であるとされている。いままでの拠り所がいいことであったか悪いことであったかは別として、拠り所を失ったひとつの原因を成すものであると日本は見られているのである。従って、ここにおいて日本は、必ずしも植民地解放という積極的な役割を果たしたものと見られていないと同時に、侵略者として見られているわけでも必ずしもない。ここにおいては、日本はあくまで旧秩序の破壊を成したひとつの抽象的な、極めて漠とした、ひとつの「力」あるいは災害として意識されていると言えよう。

人間関係の破壊

日本軍の到来とそれにともなう混乱と困難によって、現地の人間関係は破壊されていった。すなわち、「日本」の到来とその支配は、現地の政治体制を破壊しただけではなく、それまで現地の人々の間に存在していた人間関係をも破壊した。ある者は、日本軍へ協力し、ある者は、服従し、ある者は憤慨し、ある者は、無関心を装った。そうした状況は、いままでとは違った社会的亀裂を生み、人間関係を再構築していった。

たとえば、旧秩序の破壊からむしろ利益を得ようとして、仲間を裏切り、人をごまかそうとする人も少なくなかった。

「ロート」のような野郎には、どんな命令でも聞く主人が一人いるというわけだ。それはヘーン親父でもなければ日本軍でもない。お金だよ。日本軍のために働いてたんまり金になるならそうするし、暇があれば人をごまかす。盗みも働く。だからあいつが仲間を裏切ったのも金のためだ。

（「妖魔」九一頁）

このように、金が全てと、日本軍に手を貸す者もいれば、やむをえざる事情から政治的に日本を弁護、支持せざるを得ない人々もいた。そうした人々には、時として自らを偽り、あるいは自らを喪失した人もいた。

それら全てが人間関係の破壊や変節につながっていったのである。

日本への「責任転嫁」

このように、「日本」の到来によって混乱が生じたことは事実としても、その混乱の一端は、現地の人々の責任でもあった。しかし、人間関係の破壊、既存秩序の崩壊そして急速な政治的変動のゆえに、混乱と困難の責任は、すべて急に到来した「日本」に帰せられがちとなる。

このような事情があったからこそ、日本による「解放」という側面を極少化し、西欧植民地主義からの独立を自らの力で勝ち取ったと主張しようとする動きが当然出てくるのであり、そうした動きを行う人々は、日本軍の残虐行為や、強制労働や物資の強制供出をことさら強調する事となりがちである。

たとえば、一九九〇年代の半ば頃まで、ベトナム共産党は、第二次大戦末期における、日本軍の米穀の調達が、当時のベトナムでの飢餓の発生の原因であるとする歴史観を強く打ち出していた。

また、一九九〇年代にベトナムの外相（グエン・コータック）は、日本はある意味ではベトナムをフランス植民地主義から解放したのではないかとの見方に対して、日本軍は、フランス時代の「政治犯」のうち、共産党員は牢獄から釈放しなかった、と述べていたといわれる。

「西洋」から見た日本

東南アジアへ新しくやって来た日本は、既存の秩序の「破壊者」であるとともに、新奇な存在だった。しかも、それは新しい「支配者」の様態をも示していた。そうなれば、現地の人々の間には、それにつけいったり、とりいったりする者もいれば、逆に、反発や疎外感を覚える人々もいるのは当然である。そうした、社会的に言えば、「混在した」感情を抱きながら日本人を見るとき、東南アジアの人々は、「西洋」の眼鏡を通して日本人を観察することになりがちだった。

そうした眼鏡をかけて日本人を見ると、まず目立つのは、日本人の「小ささ」だった。

> 武器も装備も劣勢な日本軍が、銀輪部隊だけでいかにしてイギリス軍、オランダ軍を撃ち負かしたのかと思うと、時にこっけいですらあった。――（中略）――ヒダヤットは、東南アジアにしっかりと根をおろしていたと思われた西欧の権力が、これほどあっけなく、自転車に乗った「チビ」の人種によって崩壊されようとは思ってもいなかった。
>
> （「戦争と愛」（上）一三四頁）

> 街を歩けば、小さい日本人がわが者顔でえばっているし、あちらでも取り締まり、こちらでも取り締まりです。
>
> （同右、五七頁）

ヨーロッパ人とくらべての、こうした肉体的特徴と並んで、日本人は、「単純」であり、合理的でないが、義理や忠誠心があるといった、日本人のいわば「精神的」性格についても、どちらかといえば「西洋」の目を通した見方が広まっていった。

戦場に投入されたのは、木口のような何万もの兵隊であった。見てみろ、彼らにあるものといえば、単純で、愚かな精神構造だけではないか。

（「そして戦争は終わった」一〇六頁）

そして、日本人将校の口を借りてではあるが、日本人の社会的性格について、義理や名誉を重んじる人々と特徴づけられた。

これらすべては要するに、日本人は不可解であるという見方へ収斂しがちだった。その一つの理由は、（例えばインドネシアの場合）日本人は同じアジア人と言いながらイスラムの風俗習慣と著しく異なる風俗を身につけていることへの「批判的な眼」（『戦争と愛』（上）二一三頁）のせいでもあったが、同時に西洋的な観点からも日本人は理解しがたい面をもっていたからだった。

「戦争と愛」における、日本人についての観察が多く、現地に長く滞在しているスイス人女性、エリザベスの目を通して行われていることは、きわめて象徴的である。そのエリザベスは、日本人の将校から日本人の心根について説明を受けながらも、その将校に対して、「あなたは日本という籠のなかに、綴じ込められているのだわ」と叫ぶのであった。

もう一つの日本

もっとも、「西洋のメガネ」で見た日本の向こうにもう一つの日本があることに気が付く人もいた。そのことの間接的な証左は、同じ作品の主人公の大倉が、同じくエリザベスに日本人の考え方を、西洋の論理に合わせた形で解説している次のような場面である。

西洋的論理でものを見るエリザベスが「心の自由のない者に本当の意味での正直さ、誠さというものがあるのだろうか」という趣旨の問いを発するのに対して、大倉は次のように答えるのであった。

「日本人を正直でない、などとお考えにならないでください。他人、とくに尊敬する人間と接する時に、自分を抑える人は正直ではないとおっしゃるんですか。その人は、正直に誠実に自分の義務を果たそうと、礼儀正しくふるまっているんです。私は、正直さ、というのは、自らの欲望や願望それに感情を抑えて、自分を社会に合わせていくことだと思います」（「戦争と愛」上）二七八頁）

このように、エリザベスと大倉との対話を通じて、西欧的な見方からすると日本人の集団主義的なところ、封建思想的なところ、あるいは忠君愛国に凝り固まったところが不可解なもの、狂信的なもの、個性と自由のないものとして描かれると同時に、そうした西欧的な見方だけでは日本人のことは理解できない、その背後にある純粋な愛のあり方の問題、正直さの問題、それは日本の文化の伝統の中にそれなりに別の論理として存在しているものであり、それを一概に西欧的な見方から古いもの、封建主義的なもの、理解しがたいもの、不可解なものと見なすこともできない、という点が指摘されている。

言いかえれば、西欧の眼鏡を借りて日本を見ると狂信性や個性の喪失に見える側面も、日本社会の実態の中で考えればそうとばかりは言えないという日本観がここに表れているといえる。

コミュニケーションの断絶

しかし、不可解な日本の先の日本を見ようとする者、あるいはそこに気が付く人は稀であった。むしろ、多くの人々は、不可解で、得体の知れぬ日本人から身を遠ざけようとした。とりわけ、日本の進出が、既存の秩序や人間関係の破壊、損傷の源と見られれば見られる程、そうした「源」たる日本人とは、なるべく接触をさけようとする心理が生まれるのは当然であった。

ある程度西洋的教養を身につけたタイの少女アンスマリンが、きちんとした軍服を着た日本の将校から身を遠ざけ、一言もしゃべろうとしない情景を描いた「メナムの残照」の次の一節は、単に、アンスマリン個人の反応をこえて、日本から身を遠ざけようとする、社会的心理を代表したものでもあった。

カーキ色の制服を着た頑健そうな軍人を目の前に見て、アンスマリンはじっと見つめているだけであった。背の高いその男はわずか前に出て来た。

「エイゴハナセマスカ」

アンスマリンは相手の言うことが全部わかっているが、じっとしたまま答えようとしない。静かに水中に身体を沈め、首から上だけが水上に残った。寒い国から来た相手は軽快な笑いを浮かべ、頭を振り動かしながら、上手でない英語で質問を繰り返した。

「わかりますか、僕の言ったこと。寒いですか、おはようございます。英語話せますか」アンスマリンは相手のほうを見つめながら、少しずつ水の中を後退して行った。

（「メナムの残照」六四頁）

このように、日本とのコミュニケーション自体を断絶することによって、自己ないし既存の人間関係を辛うじて守ろうとする態度は、植民地主義の犠牲になった被植民地国に良く見られる対応である。力の圧力によってのしかかってくる相手とのコミュニケーションを拒否することは、そうした行為自体がある種の抗議の表明であると同時に、それによって、みずからが相手のペースに知らずうちに巻き込まれて行く事を、あらかじめ防止する意図がこめられているからである。

今日、アジアにおいて、日本の行為や言動に「対抗」して、首脳会談の中止や外相訪日のとりやめといった、いわば日本との政治的コミュニケーション自体を拒否しようとする対応が、しばしば見られるが、その背後には、被植民地国の歴史的体験からくる社会心理がうずまいているといえるのではなかろうか。

連帯感

アンスマリンの反応が象徴するような、「身を遠ざける」態度が生じる一方で、日本そして日本人に連帯感をもつ人々もいた。

大日本帝国陸軍の上陸は、若者たちに活気を与えた。彼らは、日本人に瞠目した。日本人は、アジア大陸においても、アジアの島々においても、白人帝国の威望を瓦解させたのだ。

（「諦め」インドネシア短編小説集五八頁）

また、インドネシアの兵士が日本軍の兵士に似ている点を描写した次の文章も、日本人との連帯感の存在を暗示している。

日本の軍歌を歌いながら行進する部隊もある。隊伍をくずして、だらだらと進む部隊もある。武器といえば、服装同様十人十色である。軍歌がところかまわず歌われていた。――（中略）――階級章がないというだけで、まるで日本兵そっくりだ。

（「ここは戦場だ」インドネシア短編小説集一三七頁）

しかも、こうした連帯感は、日本側によってもかなり人為的に「宣伝」された。「戦争と愛」には、そうした点を描いた一節がある。

日本人の考え方や習慣までも強制されることになりますね。宣伝部の出しているスローガンを見たでしょう。「同種同族」という、あれですよ。『アイア・ラヤ』紙に載せられたムハマッド・ラテイフの日本・インドネシア両民族の同祖論の続きものを読みましたか。ラテイフによれば、日本人の祖先は太陽の照り輝く熱帯から、黒潮に乗って来たというんですよ。インドネシア語と日本語には共通点が多く、同じ系統の原語だと言うわけです。

（「戦争と愛（上）」一〇二頁）

こうした連帯感の「演出」は、タイなどでは、政府当局の協力を得て行われた。

（タイの）首相は、タイ国民が気持ちを入れ替えて、日本人と友好を結ぶことを目指すようにと述べ、また国民を納得させようとして、日本軍がこのバンコックに入って来て集結しているのは、他の処へ行く為通過するのに使用するだけで、既に一部の日本兵は出国して行った、と報告した。

（「未来を見つめて」二八二頁）

また、タイの女性アンスマリンと日本人小堀との結婚は、日本とタイとの友好のシンボルであり、日タイ文化の緊密化の現れとして政治的に喧伝された。

連帯感の侵食と崩壊

日本との連帯感は、しかしながら、いろいろな要因がからまって、次第に侵食され、崩壊への道をたどった。

一つには、もともと「不可解な日本」という日本のイメージが、現地のアジアの人々との一体感の醸成の妨げとなったこともあり、また、いろいろな日本の「特性」が、「アジアと一緒になれない日本」という溝を深めていった。そうした溝の一つとして政治的に重要なものの一つは、現地の人々の宗教や思想と日本の思想、とりわけ戦前の日本に強く見られた天皇崇拝であった。

日本人は天皇陛下を神の子孫として、また指導者として、これを崇めることができます。しかし、インドネシア人はイスラム教を信じているのですから、こうした考え方を受け入れることはできないでしょう。

（「戦争と愛」（上）一〇三頁）

右の、インドネシア人の声は、裏を返せば、日本の東南アジアへの進出の形態とその裏にある思想が、現地の文化、伝統への十分な配慮を欠いていたことを意味していた。

それだけではない。多くの東南アジアの知識人は、「戦争と愛」の登場人物の言葉を借りれば、「多かれ少なかれヨーロッパの自由主義の影響を受けており、自分の頭で考える習慣を持って」いたため、日本を中心とした大東亜共栄圏的発想は、現地人の自主性を軽視したものと映った。

また、現地における日本軍の行動、とりわけ、強権的あるいは残虐に近い行為が、日本との連携を主張した人々を失望させ、遠のけた。

ある偉大なイスラム学者が発狂して、死んだ。かつて彼は、日本の盟友で、日本を一〇〇パーセント信用していた。しかし、日本がオランダ同様、残酷な行為をはたらき、空約束を与えることだけに長けていることがわかると、不正直な兄を見るように、彼は日本に不信感を抱いた。

（「スラバヤ」インドネシア短編小説集三三頁）

このように、日本は、現地の人々の独立と自主への思い、そしてそれを巡る自己の伝統、宗教、文化への配慮、考慮が不足していた。そのことは、現地の祝典で、君が代だけが流され、インドネシアの民族歌「インドネシヤラヤ」は歌われず、また、日の丸だけが掲げられて、インドネシアの紅白旗は掲げられなかったことにも象徴されていた。

しかし、問題はそこで止まらなかった。日本側の配慮や考慮が足りなかったといったことをこえて、日本が、現地のいろいろな人々を「操作」し動員したという、複雑な事情がからんでいた。それは、例えば、日本軍部が、イスラム教徒を政治的に利用しようとしたことである。

この点は、微妙な形で小説の中で反映されている。たとえば、インドネシアのある医師は次のように言う。

「日本側は、自由主義や民主主義の思想を持ち、独立を望んでいるとみなしている民族主義者や知識人に対し、疑惑の念を持っているようです。しかし同時に、こうした指導者は無力であって、民衆に対する影響力も大したことはない、とみているようです。私たちの分析が正しければ、日本はイスラム勢力を頼りにしようとしているようです。

（「戦争と愛」（上）一五二頁）

こうした発言は、日本軍がイスラム勢力を巧妙に利用して政治的な支配を確立しようとしていたこと、すなわち民族主義者や自由主義者を抑圧し排除していく手段としてイスラム教を利用しようとしていたこと、そしてその点をインドネシア人も感づいていたことを意味している。イスラム教徒からみれば、日本人の天皇崇拝という思想が自分たちの宗教観と異なっているという点と同時に、自分たちが政治的な策謀に利用されているのではないかという疑念があり、この二つが重なって、日本のいうアジア的な価値なるものに大きな抵抗感が生じていたといえよう。

偽善との戦い

日本との連帯は、日本の軍部なり権力者がそれをなかば強制し、政治的「操作」の対象とすればするほど、現地の権力機構や特定の人々との「癒着」が必要となり、そこに、いわば二重の偽善が発生する。

それだけに、タイにおいて政府が日本との連携を説けば説くほど、逆にその偽善に人々は神経質になる。だからこそ、さきほど引用した作品「未来を見つめて」は、首相の親日的発言を引用した後、こうした「迎合」に対する批判の声として、「(流れに従うようにという注意は)聞く者の心に、また癇癪を起こさせ」また、「『何故、外国兵の奴らの機嫌取りをするのだ?』との呪いの声が、何処からか入れ違いに上った」と記述している。

このように、東南アジア、とりわけタイのように、日本の進出を認め、表向きは友好関係を保とうとした「偽善」に対して、敏感に反応する者も少なくなかった。

しかし、問題はここに止まらない。不本意ながら日本との友好を説いた人々は、自分自身の中の「偽善」と戦わねばならなかった。

日本との連携を説く指導者(「あの方」)が、タイ人のためとして唱導していることは、実は、日本への協力のための説教であり、そこに偽善と、その偽善に生きねばならぬ人々のやるせなさと自己欺瞞が隠れていることを、次の文章は暗示している。

> 人名についてもあの方はもっと適切なものに、名前を聞いただけで男か女かがすぐ分かるように変える改革を実施された。・・・・われわれタイ人の食べ物についてさえもいろいろな改正を実施され、どこかで栄養のバランスが取れていない食事をしていることが分かると、(おかずを増やし、御飯をひかえ目に)などというスローガンをお出しになった。
>
> (「現代タイ短編集」一八八頁)

このように、日本の進出は、偽善を生み、それがまた自己欺瞞というさらなる偽善を生んだ。そうした社会的過程を体験したか、あるいは後に見聞した人々からみれば、日本の東南アジア進出を客観的に評価することは困難なのである。

今日でも、西欧の植民地主義の犠牲になったという点については、日本と多くのアジア諸国は共通の歴史的体験を持つと見る日本人は少なくない。しかし、そうした歴史的体験の評価は、植民地支配を現実に長年甘受してきた人々の自己欺瞞と偽善の問題があるだけに、現実には西欧の植民地支配から免れた日本との共通の次元の議論にはなりにくいのである。

こうした「過去」の歴史とそのしがらみは、今日の、日本の東南アジア外交にも、ある種の示唆をあたえるものである。すなわち、アジア共同体構想や、東南アジアと日本との連帯を考える場合には、単なる経済的利害の共有をこえて、価値観の共有あるいは、相互の価値観についての深い理解が不可欠であるという点である。共同体や連帯によって実現すべき政治的価値を共有できなければ、そうした構想は持続的に追求できないことは、歴史が明かにしているといえよう。

注　この章に引用した主要文献

インドネシア文学作品

「戦争と愛」（上、下）S・タクデイル・アリシャバナ著、後藤乾一監訳、井村文化事業社、一九八三

「そして戦争は終わった」イスマイル・マラヒミン著、高殿良博訳、井村文化事業社、一九九一

「スラバヤ」イドルス著、押川典昭訳

「諦め」プラムディア・アナンタ・トウル著、柴田紀男訳

「ここは戦場だ」トリスノユオノ著、佐々木信子訳

右記三作品はいずれもグナワン・モハマッド他編、佐々木重次監訳「インドネシア短編小説集」井村文化事業社、一九八三、所収

タイ文学作品

「メナムの残照」トムヤンテイ著、西野順治郎訳、角川文庫、昭和五三年

「未来を見つめて」シーブーラバー著、安藤浩訳、井村文化事業社、一九八一

「妖魔」ピーサート著、岩城雄次郎訳、井村文化事業社、一九八〇

「舌抜き影絵芝居」ピンヨー・シージャムロン作、（スチャート・サワッジー編、岩城雄次郎訳、「現代タイ国短編小説集」（下）井村文化事業社、一九八四所収）

四　インドの知識人の日本観と日印関係

多くの日本人にとって、インドはアジアであってアジアでない。インドはアジアかと聞けば、ほとんどの日本人は、そうだと答えるであろうが、かつての大東亜共栄圏にせよ、近年のアジア共同体にせよ、日本がアジアについて具体的構想や行動を語ろうとするとき、インドは、観念的にはともかく、実際上、含まれていないことが多いからである。

他方、インド人にとっても、日本は、アジアであってアジアではない。それは、一方で、非西洋文明の国として同じ「アジア」の国ではあるが、同時に近代において、インドの体験した、西洋の植民地としての感情や理念を共有していないからである。

インドにおいて、この二つのいささか矛盾する対日観や感情が一致するのは、日本が、西欧に「叩かれた」ときである。その時は、非西欧としての日本が、はじめてインドと同様「西洋に叩かれた」点で、体験を共有するように見えるからである。

このように、複雑な、インドの対日観を考察するにあたって、ここでは、アジア人として初めてノーベル賞を授賞した、インドの詩人ラビンドラナト・タゴール、日本と連合してインドの独立を達成しようとし、日本人と結婚し、日本国籍まで取得したラス・ビハリ・ボース、そして日本に長期滞在した人ではないが、第二次大戦後のインドの知識人のいわば代表として、ネルー首相をとりあげたい。

タゴールの見た日本

タゴールは、一九一三年にノーベル文学賞を授賞後、一九一六年、一七年、二四年、そして二九年と、四度日本を訪れ、日本の印象について多くの記述を残している。タゴールは、詩人として、また芸術家として、日本人の精神や美的感覚に大きな関心をよせ、とりわけ、日本古来の精神に注目した。

> 真実は、日本が同時に古くも新しくもあるということである。日本は東洋の古代文化――人の真の財産と力は彼の内なる魂に求めるよう人に命ずる文化、また損失や危険を前にした冷静さ、代価を計算したり利益をのぞんだりしない自己犠牲、死を軽んずること、われわれが社会的存在として他者に負うている無数の社会的責務の受容の文化――の遺産をもっている。一言でいえば、現代の日本は記憶を越えた古代の東洋から生まれ出てきたのである。
>
> (『タゴール著作集』第八巻、第三文明社、一九九三、三五〇頁)

克己心

ここでタゴールの言う「古代文化」の精神ないし神髄とは何であろうか。

一つは、右の引用文でタゴールが言っているように、自己犠牲であり、また社会的責務を受容する精神であるが、同時に、そうしたことを自らに実践せしめうるだけの克己心である。

さまざまな形で、わたくしは日本人の行動の中に、素晴らしい克己心と、寛容の徳というべきもの、少なくともお互いの物解りの良さを見ました。

（同右、五〇二頁）

そうタゴールは感心し、こうした克己心と我慢強さとを結びつける。

（日本人の）日常生活の中でつねに見られる我慢強さは、まことに力強い辛棒強さであって、他から見ても、ほとんど精神的な克己心を伴った、洗練された立居振舞となるのであります。

（同右）

そして、このような克己心が、日本人の愛国心と結び付くとする。

このようにして、この国の人々は、一つのヒロイズム――自己を誇張することによってではなく、名誉あるいは義務の命ずるままに行動し、または行動しないことを受け入れるような、慎みのある精神によって立つヒロイズムを信ずるまでになってきたのであります。

（『タゴール著作集』第一〇巻、四四二頁）

簡素化の精神

克己心、犠牲的精神、慎み――そうした徳性は、また、「簡素化」と結び付く。自己抑制は、自己表現の思い切った「簡素化」につながる。

詩人であるタゴールは、この「簡素化」の精神を俳句に見いだす。そして、「人のこころは花の心なり」という日本の詩を引用し、その奥に存在する日本精神を感じとった。

日本は自然を支配することを自慢したりはいたしません。日本はこのうえない配慮と喜びとをもって、その数々の愛の捧げ物を、自然に向かってさし出すのです。

（『タゴール著作集』第八巻、四六九頁）

こうした精神は別の角度からみれば、自然な受容性である。男女がいっしょに裸になって混浴することも、「人間の肉体に関する不自然な妄想から解放されている」証拠となる。そして、この受容性こそが、ある種の適応性を生み、日本に「動的」力を与えたのだと、タゴールは言う。ヨーロッパ文明は動的文明であるが、アジアでは「ひとり日本の心にだけこの天性的な動への信仰がやどっていたために、日本は容易にヨーロッパと歩調を合わせて迅速に進むことができた」のだ。

（同右、第十巻、四六八頁）

近代化する日本の欠陥

このように日本精神、とりわけ古代からの伝統的精神を賞揚したタゴールではあったが、このインドの詩人は、同時に、日本の近代化に潜む欠陥に対しても洞察を惜しまなかった。

タゴールが指摘した日本の欠陥の一つは、日本が西洋から「仕事の指針と武器の使用法」を学びながら、ヨーロッパ文明の偉大さの源である「道徳的な理想」を学んでいないところにあるとし、次のように述べる。

日本の文明の宮殿は一階建である。そしてそれは、彼らの全精力と技術の粋を集めた館である。その倉庫に集められたいちばんたいせつなものは、成功という名の成果である。そして、その礼拝堂でいちばん崇敬されている神は国家的自己心である。

（「タゴール著作集」第一〇巻、四七一頁）

そして、タゴールは、ヨーロッパの偉大な精神の重要な要素として精神の自由な働きをあげ、日本は、ある種の狭い国家主義のため、そうした自由を失った社会へと突入していることを憂いた。

日本にとって危険なことは何か、と言えばそれは西洋の外面的特徴を模倣することではない、西洋のナショナリズムの原動力を、自己の原動力として受容することである。

（「タゴール著作集」第八巻、三六七頁）

まさに、すでに一九二〇年代の早い段階で、タゴールは、日本の軍国主義への道に警鐘を鳴らしていたのであった。

タゴールとアジア

タゴールは、アジア人として初めてノーベル賞を授賞したが、いままで彼にさほどの関心をしめしていなかった故国インドの人々が、ノーベル賞をきっかけに急に注目しだしたことに、ある種の悲哀とやるせなさを感じたと言われる。そして、その裏側として、アメリカやヨーロッパにおいて、インド人にノーベル賞とはこれ如何、という差別的発言がなされるのを見て、アジア人としての意識をあらためて反芻したといわれている。

こうした体験、そして、日本や中国への旅行を通じてタゴールは、彼独特のアジア観を育てて行った。

それは、アジアが素直に西欧から学んだことを認めるとともに、西欧もアジアを必要としていることを認識すべきという考えにたって、アジアが西欧に対して貢献できるためにもアジアは団結しなければならないと説いた。ただその団結は、組織的、機械的なものではなく、むしろ精神的団結でなければならなかった。

ここでいうアジアの精神が何であるかは、必ずしも明確ではないが、タゴールの著作を眺望してみると、それは、西洋の物質主義に対する精神主義で、かなり仏教的あるいはヒンズー教的要素を持つもののように思われる。

言い換えれば、アジアの精神とは、西洋の物資主義の持つ非人間的側面を是正してゆく主義、主張、精神であった。

ラス・ビハリ・ボースのアジア観と日本観

タゴールが、アジアの精神を論じたように、否、タゴール以上に、インド独立運動の志士の一人、ボースは、アジアの精神を熱っぽく語った。タゴールにとってインドから日本につながる「アジアの精神」は、宗教的、美的、哲学的な思想であったが、同じように、ボースにとっても、アジアの精神は、利他主義であり、物資主義に対抗する思想であった。（中島岳志「中村屋のボース」白水社、一六七―一六八頁）

しかし、ボースは、こうしたアジアの精神の結集にあたって、人種的な概念を強く打ち出した。

人種に敏感なボース

ボースは、一九二〇年代の初め頃から、各種の雑誌などへの寄稿のかたちで「東洋人の政治的、経済的、軍事的勢力が、白人の勢力に対抗し得るに到る時、否、白人の勢力に優る時、正義と真理は自ら其の影を全

世界にとうずるであろう」と主張した。（中島、前掲書、一六六頁）
大正一五年八月、長崎で開催された全アジア民族会議においても、ボースは、「国際連盟は、五億の人間のためにのみ作られたものであり、わが亜細亜連盟は、一五億の有色人種の連盟として発生したものである」と言っている。（相馬黒光、安雄「アジアのめざめ」書律心水、二〇一二）
こうしたボースの考え方は、彼が反英国植民地運動にその生涯を捧げたことと密接に関連している。故国インドの政治的独立を実現するための論理と倫理が、彼のアジア主義を彩っていた。だからこそ、ボースは、日本人が、インドカレー料理を英国風に調理して「カレー」として食していることに強く反発し、下宿先の中村屋で本格的なインドカレーを作り上げ、これを「カリー」と呼ばせて普及しようとしたのであった。
しかし、それだけに、ボースは、日本が他のアジアの国に侵略的行為をしたり、他の東洋人を見下したりすることに反発し、日本をたしなめた。

我らの最も遺憾とする所は、声を大にしてアジアの解放、有色人種の大同団結を説く日本の有識階級諸公にして、猶中国人を侮蔑し、支那を侵略すべしと叫び、甚だしきに至りては、有色人種は性来、白人に劣るの素質を有するが如くに解することこれである。

（「亜細亜二論」一九二六年三月『月刊日本』）

ボースは、しかし、日本のいわゆる帝国主義的進出を前に、日本への期待と親近感を持ち続けた。その一つの理由は、ボースが、共産主義や唯物主義に違和感をもっていたことにあると思われる。同時に、ボースはアジアにおける英国を中心とする西欧植民地主義に対抗するには、日本の軍事力、そして、アジアにおける「覇権」も必要だと考えていたからだと思われる（中島、前掲書、二二六、二四二頁）。

さらに、ボースは、なによりも、日本の一途な「精神」を信じていた。それは、既に日本の敗戦が迫ってきている時ですら、反白人植民地運動の中心となるべき日本の強さについて、次のように語っていることに現れている。

> おれはインドの人間だ。しかし白人種に対抗しうる有色人種の中心は、日本人以外にはないと思っている。中国人もインド人も駄目だ。――（中略）――（日本は）陛下を中心とした場合、不思議な力を持っている。日本が陛下を頂く国の形態を崩壊させたら、それこそおしまいだ。どこまでもこの形態を守りぬき、日本が中心となって、もう一度有色人種はたち上がらなければならない。そして白人種と戦うことだ。（相馬、前掲書、一五九頁）

ここには、日本精神の強さへの信念とそうした精神が、何に一番体現されているかについてのボースの見方が表れているといえよう。

ネルーの日本観

他方、同じくインドの独立運動に熱心であったジャワーハルラール・ネルーは、独立運動の精神的支柱を人種的なものにはおかなかった。彼はあくまで、反植民地闘争家であった。だからこそ、ネルーは、日本をむしろ植民地主義国家の一つとみなし、中国の抗日運動を支持した。ただ、ネルーも、既存の国際秩序が、日本軍の進撃によって破壊されてゆくことは、インドにとって望ましいことだと認識していた。（ネルー著「インドの発見」英文、ペンギンブックス、五一八頁）

ただネルーは、だからと言って、一時的にせよ日本と協力しようとはしなかった。なぜなら、日本への協力者は、畢竟、英国植民地主義への協力者と同じように、時勢に流され、自己の個人的利益に流された者と見なしていたからだ。（同右、五二二頁）

そして、ネルーの考え方は、ある意味では極めて西欧的であるとともにインド的であった。ネルーは、国家や民族の進歩の度合いを物質的、あるいは経済的発展におかなかった。

> 日本人は、自らのために、八年の間に満州国を高度に産業化した。（中略）朝鮮における日本人の物質的な（成果の）記録は他の植民地主義国のものと比肩しうる。しかし、そうした記録の裏に奴隷状態、残虐、恥辱、搾取と人々の魂を破壊する試みがある。（ネルー、同右、五六二頁）

ネルーにとっての精神主義は、反白人主義ではなくむしろ、自由主義であり民主主義であったのだ。

インドと日本

こうしたネルーの精神は、実践的次元において、ボースと対立し、またタゴールとも趣を異にしていたが、良く考察してみると、タゴールとボースとネルーの三者には共通するものが宿っていることがわかる。それは、インドの精神とも呼ぶべきもので、その精神は、タゴールに従えば、人間の根源的な自由であり、ネルーにとっては、それは民主主義に近いものであり、ボースにとっては、物質主義に対抗する精神だったと言えよう。ボースやタゴールが、東洋の宗教や思想を云々したのは、そこにインドと他の国との共通項を見いだそうとしたからに他ならない。

したがって、今日、インドが自らを世界最大の民主主義国とよぶとき、それは、インドにおいて、制度的な意味での民主主義が十分機能していることを意味しているのではなく、ある種の「精神」としての民主主義を意味していると解さねばならない。

また、かつてインドが、非同盟主義を国是としたことも、戦略的考慮もさることながら、むしろ「実用的」な目的に根ざした戦略が国際紛争の源となりかねないという「精神」にもとづくものであったと言って良いであろう。

このことは、日本が、インドとの関係を構築するにあたって、ある種の「精神」が大切であり、実用的目的のみを強調すべきでないことを暗示している。

逆にいえば、インドとの関係の重要性は、功利的、経済的な利益というよりも、むしろ、インドの体言する「精神」にあるといってよい。たとえば、第二次大戦後、日本の戦争責任についてインドがとった態度、すなわち、日本の行為を是認するものではないとしつつも、他方、連合国側の責任如何を問うた態度は、国際社会においてインドがある精神を代表しようとしたものとして、評価しえよう。

このことを更に深く考えれば、日本が、アジア的価値観を考える際に、インドの考えや精神を、直接間接考慮することの重要性を示唆していると言えよう。

エピローグ

本書を概観すると、アジアといっても、朝鮮半島に関する部分が、他のアジア地域に関する部分に比べ非常に多いと感じる読者も少なくないかも知れない。

しかし、それには理由がある。何といっても、歴史的に見れば、朝鮮半島の国々、人々との関わり合いこそが、日本の対外関係の最も緊密な部分であった。それだけに、朝鮮半島の知識人が残した日本印象記は、他のアジアの国々のものと比べ圧倒的に多い。従って、それを基にした観察、分析が他のアジア地域のものと比べて多いのは、ある意味では、自然の勢いといえる。また、朝鮮と日本との関係が緊密であっただけに、それらの人々の観察は、ある意味では、深く、広いものになっていたとも言え、特別の意味があるとも言えよう。

本書の上梓には、プロローグで触れたような近年の国際情勢と、アジアの役割についての論議の必要性という契機があったが、同時に、桜美林大学「アジア・ユーラシア総合研究所」を長年主宰され、先年亡くなられた川西重忠先生への追悼を兼ねたものである。

川西先生の主催された会合には幾度か出席し、また講師役を引き受けさせていただいたこともあったが、川西先生の熱意、そして学会、経済界、ジャーナリズムなど幅広い各層からの方々の参席と支持に深く感じるところがあり、ここに、あらためて、川西先生に深い哀悼の意を表し、ご冥福を祈る次第である。

そして、本書の出版にあたって、格段のご高配と配慮を戴いた桜美林学園　佐藤東洋士理事長・学園長、およびアジア・ユーラシア総合研究所　谷口誠代表理事に深堪の謝意を表するとともに、出版に伴う業務を引き受けて戴いた同研究所　河野善四郎常務理事に、あらためて深く感謝する次第である。

本文中の主要人名索引

（朝鮮、韓国人名は原語発音、中国人名は日本式発音で分類）

小倉 和夫（おぐら かずお）

日本財団パラリンピックサポートセンター理事長、国際交流基金顧問、日本農業会議所理事、青山学院大学特別招聘教授、立命館大学客員教授。1938年生まれ。東京大学法学部卒業、英国ケンブリッジ大学経済学部卒業。外務省文化交流部長、経済局長、外務審議官等、駐ベトナム大使、駐韓国大使、駐フランス大使、国際交流基金理事長を歴任。東京2020オリンピック・パラリンピック招致委員会評議会事務総長を経て、現職。国際関係関連の著書多数。

Kazuo Ogura

President of the Nippon Foundation Paralympic Support Center. Councillor to the Japan Foundation and Eminent Professor, Aoyama Gakuin University. Graduate of the School of Law, University of Tokyo. Entered the Japanese Foreign Ministry in 1962. Served as Ambassador stationed in Vietnam, South Korea and France, then as President of the Japan Foundation and later as Secretary General of the Tokyo 2020 Olympics and Paralympics Bid Committee. Published various books on international affairs in Japanese, English, and French.

アジアは日本をどう見てきたか
―朝鮮、中国、東南アジア、インドの対日観―

2020年12月3日　初版第1刷発行

著　者　小倉　和夫
発行者　谷口　誠
発行所　一般財団法人 アジア・ユーラシア総合研究所
〒151-0051　東京都渋谷区千駄ヶ谷1-1-12
Tel・Fax：03-5413-8912
E-mail: n-e-a@obirin.ac.jp
印刷所　株式会社厚徳社

2020 Printed in Japan
ISBN978-4-909663-33-7